わが家のフードロスをおいしく削減

大量消費レシピ
ヒットパレード！

市瀬悦子

フードロスをおいしく解決！

日本では毎日1人あたり茶碗1杯分（約114g）の食べものが捨てられているといいます。こうした「食べられるのに捨てられてしまう食品」のことをフードロス（食品ロス）と呼び、官民挙げて削減しようとしているのはみなさんご存知のとおり。では具体的にはどうすればよいのでしょうか？ 大小さまざまなことがありますが、私たちがまず使いきり、おいしく食べることです。

しかしそれが実はけっこう難しい。キャベツ1玉が特売になっていれば条件反射で買ってしまいますし、家族や友人から突然大量の収穫物をいただくこともあります。そんなときに役立つ本があればいいなと思い、この本を作りました。

「大量消費」というテーマは料理雑誌の人気企画です。私もこれまで数多くの特集を担当させていただきましたが、本書にはその中でも人気があったもの、簡単でおいしいもの、みなさんに喜んでいただけそうなものをより改善し、選りすぐって掲載しています。どれも特別な材料や手間は必要のない手軽なレシピばかりで、私が普段からよく作るものも多くあります。こういう仕事をしていると、撮影で使った食材が残りがちで、自然と「大量消費」が得意になるという事情もあります（笑）。

たとえばカバーにある「キャベツとベーコンの白ワイン蒸し」は、春の撮影でキャベツのきれいな外葉だけを使ったときに、余ってしまった内側の葉を使ってよく作る料理です。夏にはきゅうりで「きゅうりのパリパリ漬け」（P84）を、秋には大好きな鳴門金時で「さつまいものハニーバターごま炒め」（P56）を、冬には残ってしまった白菜の軸を使って「ラーパーツァイ」（P32）を……残りものだろうとなんだろうと、お気に入りのレシピで食べる旬の野菜は、やっぱり抜群においしいんですよね。

迷ったときにはとりあえず作りおきにするという手もあります。保存が利く料理には 作りおき のマークを付けておきました。新鮮なうちに調理して、素材のおいしさを料理の中に閉じ込めてしまいましょう。

本書には、野菜を中心に、16の食材の、90レシピを収録しています。これらの食材は、「大量消費」が必要なくらいですから、日常的によく使う食材ということでもあります。普段使いのレシピ集として、毎日活用していただければともうれしいですし、そしてそれが少しでもフードロスの削減に役立つのであれば、喜びもひとしおです。

市瀬悦子

もくじ

この本について

- 野菜などの分量は皮や種などを含んだものです。
- 洗う、皮をむくなどの基本的な下準備を済ませてからの手順となっています。
- フライパンはフッ素樹脂加工のものを使用しています。
- 電子レンジは600Wのものを使用しています。
- 煮ものなど、煮ている途中であく（茶色や白っぽい泡）が出てきたら、あくすくいやお玉ですくい取ってください。
- 塩は食塩、しょうゆは濃口しょうゆ、みそは信州みそ、みりんは本みりん、酢は米酢、砂糖は上白糖、こしょうは特に記載のない場合は白こしょう、だし汁は昆布と削り節でとったもの、レモンは国産のものを使用しています。
- 大さじ1は15ml、小さじ1は5ml、ひとつまみは指3本でつまんだくらいの量です。
- （作りおき）の保存期間はあくまでも目安です。冷蔵庫の環境や気温などで状態が変わるため、いただくときに見た目やにおいなどをよく確認してください。

豪快にどんっ！
肉を脇役に追いやって、
キャベツが堂々の主役。

焼き肉キャベツステーキ
➡ P8

キャベツと豚バラの塩蒸し煮
➡P9

フライパンに入れて
火にかけるだけだから
超楽ちん!

箸休めにぴったりな副菜。
和食にも洋食にも合います。

作りおき

レモンコールスロー
➡P9

食べごたえも栄養も満点!

キャベツ

旬
葉がやわらかい春キャベツは3〜5月、葉の巻きがしっかりとしている冬キャベツは11〜2月

栄養
胃の粘膜を守るビタミンU(キャベジン)、抗酸化作用のあるビタミンCが豊富です。

保存
1個の場合は芯をくり抜き、濡らしたペーパータオルを詰めて保存すると長もちします。

1/4個
(250g)

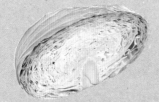

小1/2個
(400g)

葉3枚
(150g)

葉6枚
(300g)

焼き肉キャベツステーキ

材料と下準備　　2人分

キャベツ … 小1/2個(400g)
▶ 芯をつけたまま4等分のくし形切りにする

A 豚こま切れ肉 … 150g

玉ねぎ(すりおろし) … 1/8個分

にんにく(すりおろし) … 1/2かけ分

しょうゆ … 大さじ1と1/2

砂糖 … 大さじ1

ごま油 … 大さじ1

コチュジャン … 大さじ1/2

▶ ボウルに豚肉以外の材料を入れて混ぜ、豚肉を加えてもみ込む

サラダ油 … 小さじ1＋小さじ1

塩 … ひとつまみ

粗びき黒こしょう … 適量

作り方

1 フライパンにサラダ油小さじ1を強めの中火で熱し、キャベツの切り口を下にして並べ、ときどき押さえながら2分ほど焼く。焼き色がついたら上下を返し、ふたをして弱火で7分ほど蒸し焼きにする。塩をふり、器に盛る。

2 1のフライパンにサラダ油小さじ1をたして中火で熱し、**A**を炒める。豚肉の色が変わり、たれが照りよくからんだらキャベツにのせ、粗びき黒こしょうをふる。

note

- 豚こま切れ肉の代わりに牛こま切れ肉でもOK。
- ピリ辛が好みの場合は、粗びき黒こしょうの代わりに一味唐辛子をふっても。

キャベツと豚バラの塩蒸し煮

材料と下準備 2人分

キャベツ … 小1/2個（400g）
▶ ひと口大に切る

豚バラ薄切り肉（しゃぶしゃぶ用）… 150g
▶ 塩・こしょう各少々をふる

にんにく … 1かけ
▶ 薄切りにする

A 赤唐辛子（小口切り）… 1本分

水 … 200㎖

鶏がらスープの素（顆粒）… 小さじ1

砂糖 … 小さじ1

塩 … 小さじ2/3

細ねぎ（小口切り）… 適量

作り方

1 フライパンに**A**を混ぜて強火で煮立て、キャベツとにんにくを広げ入れる。豚肉を1枚ずつ広げてのせ、ふたをして弱めの中火で10分ほど蒸し煮にする。

2 全体に火が通ったらふたを取り、ざっくりと混ぜて器に盛り、細ねぎをのせる。

（作りおき）

レモンコールスロー

材料と下準備 作りやすい分量

A キャベツ … 小1/2個（400g）
▶ 芯を除き、長さ5cmの細切りにする

紫玉ねぎ … 1/4個
▶ 横半分に切ってから縦に薄切りにする

▶ 合わせてボウルに入れ、塩小さじ1/4をふってざっと混ぜ、10分ほどおいて水けよくを絞る

B レモン果汁 … 大さじ1

マヨネーズ … 大さじ4

砂糖 … 小さじ2

塩 … 小さじ1/4

こしょう … 少々

作り方

1 ボウルに**B**を入れて混ぜ、**A**を加えてあえる。

（note）

• 保存期間は冷蔵で約5日が目安。

• 紫玉ねぎの代わりに普通の玉ねぎを使用しても構いません。その場合は切ったあと水にさらし、水けをきってからボウルに入れてください。

キャベツと鶏肉の
エスニック炒め
→ P12

鶏肉とナンプラーで
うまみたっぷり!
レモンを搾っていただきます。

とろとろ卵の
とん平焼き風
→ P12

関西ではおなじみのおかずを手軽にアレンジ。
お好み焼きより軽くて
ぺろりと食べられます。

**キャベツのアボカド
カマンベールあえ**
➡ P13

意外な組み合わせが
ぴったりマッチ！
ホームパーティーの前菜にもぜひ。

**キャベツと鶏肉の
おかずスープ**
➡ P13

食べごたえある
具だくさんスープ。
ごま油の香りがアクセントに。

キャベツと鶏肉の
エスニック炒め

材料と下準備 2人分

キャベツ … 葉6枚（300g）
▶ ひと口大に切る

鶏もも肉 … 1枚（250g）
▶ 余分な脂肪を取ってひと口大に切り、
塩・こしょう各少々をふる

にんにく … 1かけ
▶ 薄切りにする

A 赤唐辛子（小口切り）… 1本分
　　酒 … 大さじ1
　　ナンプラー … 大さじ1
　　砂糖 … 大さじ1/2
　　塩 … ひとつまみ
▶ 混ぜ合わせる

サラダ油 … 大さじ1/2

酒 … 大さじ1

レモン（国産・くし形切り）… 適量

作り方

1 フライパンにサラダ油を中火で熱し、鶏肉の皮目を下にして入れ、3〜4分焼く。焼き色がついたらにんにくを加えて炒め合わせ、鶏肉全体の色が変わったら、キャベツを加えて酒をふり、2分ほど炒め合わせる。

2 キャベツがしんなりとしたら**A**を加え、炒め合わせる。全体になじんだら器に盛り、レモンを添える。

とろとろ卵の
とん平焼き風

材料と下準備 2人分

キャベツ … 葉6枚（300g）
▶ 長さ5cmの細切りにする

豚バラ薄切り肉 … 120g
▶ 長さ2cmに切る

卵 … 3個
▶ 溶きほぐし、塩ひとつまみ、こしょう少々を混ぜる

サラダ油 … 大さじ1/2＋大さじ1

塩 … 小さじ1/3

マヨネーズ、中濃ソース … 各適量

作り方

1 フライパンにサラダ油大さじ1/2を中火で熱し、豚肉を炒め、色が変わったらキャベツを加えて炒め合わせる。キャベツがしんなりとしたら塩をふり、器に盛る。

2 **1**のフライパンをペーパータオルで拭き、サラダ油大さじ1をたして強めの中火で熱し、溶き卵を流し入れる。大きく混ぜながら炒め、半熟状になったら豚肉とキャベツにのせ、マヨネーズと中濃ソースをかける。

キャベツのアボカド
カマンベールあえ

材料と下準備 2人分

キャベツ … 1/4個（250g）

▶ ひと口大に切り、耐熱ボウルに入れてふんわりと
ラップをし、電子レンジで3分ほど加熱する。
ざるに広げて冷まし、水けをよく絞る

アボカド … 1個

▶ 縦にぐるりと包丁を入れて2つに分け、種と皮を除く

カマンベールチーズ … 1/2個（50g）

▶ 8等分に切る

A ごま油 … 大さじ1

しょうゆ … 小さじ2

練りわさび … 小さじ1/2

▶ 混ぜ合わせる

作り方

1 ボウルにアボカドを入れてフォークで粗く
つぶし、キャベツを加えて混ぜ、カマンベー
ルチーズを加えてさっと混ぜる。

2 器に盛り、**A**をかける。

note

● 冷ましてからキャベツを絞ると水っぽくなりません。

キャベツと鶏肉の
おかずスープ

材料と下準備 2人分

キャベツ … 1/4個（250g）

▶ ひと口大に切る

鶏もも肉 … 1枚（250g）

▶ 余分な脂肪を取り、小さめのひと口大に切る

A 水 … 500㎖

鶏がらスープの素（顆粒）… 小さじ1

しょうゆ … 小さじ1

塩 … 小さじ3/4

ごま油 … 少々

いりごま（白）… 適量

作り方

1 鍋に**A**を混ぜて中火で煮立て、キャベツ
と鶏肉を加える。再び煮立ったら、ときど
き上下を返しながら8分ほど煮る。

2 全体に火が通ったらごま油を回し入れ、
器に盛っていりごまをふる。

キャベツとハムの
卵チャーハン

材料と下準備　2人分

キャベツ … 葉3枚 (150g)
　▶ 1cm四方に切る

温かいご飯 … どんぶり2杯分 (400g)

卵 … 2個
　▶ 溶きほぐす

ロースハム … 4枚
　▶ 6mm四方に切る

長ねぎ … 1/2本
　▶ 粗みじん切りにする

サラダ油 … 大さじ1＋大さじ1

酒 … 大さじ1

塩 … 小さじ1/2

こしょう … 少々

しょうゆ … 小さじ1

作り方

1 フライパンにサラダ油大さじ1を強めの中火で熱し、溶き卵を流し入れる。大きく混ぜながら炒め、半熟状になったら取り出す。

2 1のフライパンにサラダ油大さじ1をたして中火で熱し、キャベツを2分ほど炒め、ハムと長ねぎを加えてさっと炒め合わせる。ご飯を加えて手早く炒め合わせ、ご飯がほぐれたら酒をふり、さっと炒める。

3 卵を戻し入れてさっと炒め合わせ、塩、こしょうをふる。鍋肌からしょうゆを加え、大きく混ぜる。

note

- 酒をふることでご飯がふんわりとした仕上がりになります。

キャベツの芯も
おいしく食べられます！

白い部分＝芯も食べられます。薄切りや小さく切るなどしていっしょに調理してください。ただしコールスローのように生食する場合は取り除いたほうがいいかも。歯触りが均一になり、おいしくいただけます。加熱する場合でも芯が気になるときは取り除いても構いません。除いた芯は薄切りにしてみそ汁やスープに入れましょう。

キャベツの甘みが
チャーハンをぐんとおいしく！
かさ増しにもなります。

キャベツ

葉3枚

ほろっとやわらかくなった鶏肉と
味が深くしみ込んだゴロゴロ大根の競演。
ゆで卵も加わってまたぐんとおいしそうに！

大根と鶏肉のオイスター煮
➡ P18

塩もみ大根と牛肉の
にんにく黒こしょう炒め
→ P19

塩でもんだ大根は余分な水分が抜けて
味がびしっと決まります。
にんにくでパンチ力もUP！

大根

旬
11〜3月

部位
大根は部位によって味が異なります。上部は甘くて水分が多く、生食にぴったり。中部はオールラウンダー。下部は辛みが強く、水分が少ないので、汁ものや漬けものに。大根おろしは辛いのが好みなら下部、そうでなければ上部や中部がおすすめです。

栄養
消化酵素を多く含み、胃腸の働きを助けてくれます。肌トラブルやストレスの解消に役立つビタミンCも豊富。

保存
葉つきの場合は、葉が根の水分を吸ってしまうのですぐに切り分けましょう。根はラップで包み、葉は水で濡らして絞ったペーパータオルで包み、さらにラップで包んで保存します。

1/4本
（300g）

1/3本
（400g）

1/6本
（200g）

大根と鶏肉のオイスター煮

材料と下準備　2人分

大根 … 1/3本（400g）
▶ 長さ5cmに切ってから6つ割りにする。耐熱皿に広げて水大さじ1をふり、ふんわりとラップをして電子レンジで6分ほど加熱し、冷水に取って冷まし、水けを拭く

鶏もも肉 … 大1枚（300g）
▶ 余分な脂肪を取り、ひと口大に切る

ゆで卵 … 2個

にんにく … 2かけ
▶ 縦半分に切る

赤唐辛子 … 1本
▶ 種を取る

A 八角（あれば）… 1個
　　水 … 300㎖
　　オイスターソース … 大さじ2
　　砂糖 … 小さじ2
　　しょうゆ … 小さじ2

サラダ油 … 大さじ1/2

作り方

1 フライパンにサラダ油を中火で熱し、鶏肉の皮目を下にして入れ、3〜4分焼く。焼き色がついたら大根、にんにく、赤唐辛子を加えて炒め合わせ、鶏肉全体の色が変わったら、**A**を加えて混ぜる。

2 煮立ったら落としぶたをし、途中で1〜2回上下を返して、弱めの中火で20分ほど煮る。落としぶたを取り、ゆで卵を加えて強火にし、さっと煮からめる。ゆで卵を横半分に切り、器に盛る。

note
・ 鶏もも肉の代わりに牛こま切れ肉で作ってもおいしいです。
・ ゆで卵は鍋に湯を沸かし、冷蔵室から出したての卵を入れ、中火で8分ほどゆでたものです。半熟がおすすめですが、かたさは好みで構いません。

塩もみ大根と牛肉の
にんにく黒こしょう炒め

材料と下準備 2人分

大根 … 1/3本（400g）
> ▶ 長さ5cm、8mm角の棒状に切り、塩小さじ1/2をふってざっと混ぜ、10分ほどおいて水けをよく絞る

牛こま切れ肉 … 150g
> ▶ 酒大さじ1、片栗粉小さじ1、しょうゆ小さじ1/2をもみ込む

にんにく … 2かけ
> ▶ 薄切りにする

A 酒 … 大さじ1
　粗びき黒こしょう … 小さじ1
　塩 … 小さじ1/3
サラダ油 … 大さじ1/2

作り方

1 フライパンにサラダ油とにんにくを入れて中火で熱し、香りが立ったら牛肉を加えて炒める。

2 牛肉の色が変わったら大根を加えて炒め合わせ、全体に油が回ったら**A**を加えてさっと炒め合わせる。

note
- 牛こま切れ肉の代わりに豚バラ薄切り肉でもOK。

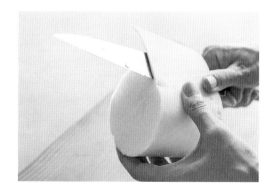

大根の皮でもう一品！

少し厚めに皮をむき、細切りにすればもう一品おかずが作れます。炒めてきんぴらにしたり、塩もみしてナムルにしたり、みそ汁に入れたり。捨てずにおいしく活用しましょう。

輪切りにした大根に薄切り肉をぐるりと巻く大胆な一品！てりっとおいしく仕上げてください。

肉巻き大根の照り焼き

大根 … 1/3本(400g)

▶厚さ2cmの輪切りにする(4切れ)。耐熱皿に並べて水大さじ1をふり、ふんわりとラップをして電子レンジで6分ほど加熱し、冷水に取って冷まし、水けを拭く

豚バラ薄切り肉 … 4枚(80g)

A 酒 … 大さじ1と1/2

　しょうゆ … 大さじ1と1/2

　砂糖 … 小さじ2

　片栗粉 … ひとつまみ

▶混ぜ合わせる

塩、粗びき黒こしょう … 各少々

サラダ油 … 小さじ1

細ねぎ(小口切り) … 適量

作り方

1 豚肉を1枚ずつ縦長に置き、手前に大根を1切れずつのせて巻き、塩、粗びき黒こしょうをふる。

2 フライパンにサラダ油を中火で熱し、**1**の巻き終わりを下にして並べ、2分ほど焼く。巻き終わりがくっつき、焼き色がついたら上下を返し、ふたをして弱めの中火で4分ほど蒸し焼きにする。

3 ふたを取り、余分な脂をペーパータオルで拭く。**A**をもう一度混ぜてから加え、強火にして、肉巻き大根を返しながら照りよくからめる。器に盛り、細ねぎを散らす。

箸休めにもぴったりの副菜です。

とりあえず漬けちゃおう！

使い道が思い浮かばなかったら

（作りおき） 大根の中華じょうゆ漬け

材料と下準備 作りやすい分量

大根 … 1/3本（400g）

▶ 長さ5cm、1cm角の棒状に切り、塩小さじ1/3をふってざっと混ぜ、10分ほどおいて水けをよく絞る

A 赤唐辛子（小口切り）… 1本分

しょうゆ … 大さじ3

砂糖 … 大さじ2

酢 … 大さじ1

ごま油 … 大さじ1

作り方

1 ジッパーつきポリ袋（または保存容器）に**A**を入れて混ぜ、大根を加える。袋の空気を抜いて口を閉じ、冷蔵室でひと晩以上漬ける。

note

- 保存期間は冷蔵で約5日が目安。
- **A**に花椒（ホワジャオ）を加えるとより香りがよくなります。

大根と鶏肉の黒酢あん

➡ P24

酢豚の鶏肉版。
最後、あんをよくからめてください。
これはもう間違いなくご飯が進みます。

大根豚キムチ

➡ P24

キムチがおいしくしてくれる！
具だくさんで満足度の高い
堂々たるメインおかずです。

フライド大根
➡P25

じゃがいも以上のおいしさ！
子どものおやつにも、
ビールのおつまみにもぴったりです。

大根とじゃこの和風サラダ
➡P25

大根
1/6本

旬のみずみずしい大根は
サラダにして生で食べても美味。
香ばしいじゃことよく合います。

大根と鶏肉の黒酢あん

材料と下準備 2人分

大根 … 1/4本（300g）

▶ 厚さ2cmのいちょう切りにする。耐熱皿に広げて水大さじ1をふり、ふんわりとラップをして電子レンジで5分ほど加熱し、冷水に取って冷まし、水けを拭く

鶏もも肉 … 1枚（250g）

▶ 余分な脂肪を取ってひと口大に切り、酒・しょうゆ各小さじ1をもみ込み、片栗粉適量を薄くまぶす

パプリカ（赤） … 1/2個

▶ ひと口大に切る

A 水 … 100ml

砂糖 … 大さじ3

しょうゆ … 大さじ2

黒酢 … 大さじ2

片栗粉 … 小さじ1と1/3

揚げ油 … 適量

ごま油 … 少々

作り方

1 フライパンに揚げ油を深さ2cmほど入れて170℃に熱し、パプリカをさっと揚げ、油をきる。続けて鶏肉を加え、ときどき上下を返しながら4分ほど揚げ、油をきる。

2 1のフライパンの揚げ油をオイルポットなどに移し、ペーパータオルで拭く。**A**を入れて中火で熱し、混ぜながら煮立てる。とろみがついたら大根、パプリカ、鶏肉を加えて照りよくからめ、ごま油を回し入れてさっと混ぜる。

note

• 酸味が少し強くなりますが、黒酢の代わりに米酢でも作れます。

• パプリカの代わりにピーマンでも。

大根豚キムチ

材料と下準備 2人分

大根 … 1/4本（300g）

▶ 厚さ5mmのいちょう切りにする

豚こま切れ肉 … 150g

▶ 塩・こしょう各少々、片栗粉小さじ1を順にふり、菜箸でざっとまぶす

白菜キムチ … 120g

▶ 1cm四方に切る

にら … 1/4束

▶ 長さ5cmに切る

A 酒 … 大さじ1/2

しょうゆ … 大さじ1/2

みりん … 大さじ1/2

サラダ油 … 大さじ1/2

作り方

1 フライパンにサラダ油を中火で熱し、大根を広げ入れ、動かさずに3分ほど焼く。ところどころ焼き色がついたら炒め、透き通ったら端に寄せる。

2 フライパンのあいたところに豚肉を加え、ほぐしながら炒める。豚肉の色が変わったらキムチと**A**を加えて全体を炒め合わせ、なじんだら、にらを加えてさっと炒め合わせる。

note

• 大根は片面を焼きつけ、香ばしさを出します。

• 豚こま切れ肉の代わりに豚バラ薄切り肉でもおいしいです。

フライド大根

材料と下準備 2人分

A 大根 … 1/4本（300g）
> ▶ 長さ7cm、1cm角の棒状に切る

　にんにく（すりおろし）… 1/2かけ分

　小麦粉 … 大さじ4

　酒 … 大さじ1

　しょうゆ … 大さじ1

　塩 … 小さじ1/3
> ▶ ボウルに大根以外の材料を入れて混ぜ、大根を加えてからめる

片栗粉 … 適量

揚げ油 … 適量

塩 … 少々

作り方

1 Aの大根1切れずつに片栗粉をしっかりとまぶす。

2 フライパンに揚げ油を深さ2cmほど入れて170℃に熱し、1を広げて入れる。ときどき返しながら6分ほど揚げ、油をきって塩をふる。

note

- 衣をしっかりとつけるのがカリカリに仕上げるこつです。
- 揚げ油に入れたとき、大根同士がくっつくようだったら菜箸で離してください。

大根とじゃこの和風サラダ

材料と下準備 2人分

大根 … 1/6本（200g）
> ▶ 長さ5cmの細切りにする

ちりめんじゃこ … 15g

貝割れ大根 … 1/3パック
> ▶ 根元を切り落とす

A ポン酢しょうゆ … 大さじ2

　ごま油 … 大さじ1
> ▶ 混ぜ合わせる

ごま油 … 大さじ1/2

刻みのり … 適量

作り方

1 大根と貝割れ大根を合わせ、器に盛る。

2 フライパンにごま油を中火で熱し、ちりめんじゃこを炒め、きつね色になったら1にのせる。Aをかけ、刻みのりをのせる。

大根の葉もおいしく食べきろう

スーパーで売られている大根にはめったについていませんが、本来大根にはたっぷりと葉がついています。直売所などで売られているものにはついていることが多いので見かけたらぜひ！

バターのおかげでとても大根の葉とは思えないこくのある仕上がりに。

大根の葉と豚こまの
バターじょうゆ炒め

材料と下準備 2人分

大根の葉 … 1本分（200g）

豚こま切れ肉 … 200g

▶ 酒大さじ1、片栗粉小さじ1、塩小さじ1/4をもみ込む

A しょうゆ … 大さじ1

みりん … 大さじ1

バター … 10g

サラダ油 … 大さじ1/2

粗びき黒こしょう … 適量

作り方

1 鍋にたっぷりの湯を中火で沸かして塩少々（分量外）を入れ、大根の葉の根元を入れて2分ほどゆで、葉先も沈めてさらに1分ほどゆでる。氷水に取って冷まし、水けを絞って長さ4cmに切る。

2 フライパンにサラダ油を中火で熱し、豚肉を炒め、色が変わったら大根の葉を加えて炒め合わせる。全体に油が回ったら**A**を加えて炒め合わせ、なじんだら器に盛り、粗びき黒こしょうをふる。

note

• 豚こま切れ肉の代わりに豚バラ薄切り肉でもOK。

26

大根の根との華麗なコラボ！さっぱりおいしくいただけます。

大根の葉 1/2本分

しらすで塩けを効かせつつごまで食感にアクセントを。

大根の葉とツナの みぞれあえ

材料と下準備 2人分

大根の葉 … 1/2本分（100g）

大根 … 1/6本（200g）

　▶ すりおろしてざるに上げ、水けをきる

ツナ缶（油漬け）… 1缶（70g）

　▶ 缶汁をきる

ポン酢しょうゆ … 大さじ1と1/2

作り方

1 鍋にたっぷりの湯を中火で沸かして塩少々（分量外）を入れ、大根の葉の根元を入れて2分ほどゆで、葉先も沈めてさらに1分ほどゆでる。氷水に取って冷まし、水けを絞って長さ4cmに切る。

2 ボウルに大根の葉、大根おろし、ツナを入れてざっと混ぜ、器に盛ってポン酢しょうゆをかける。

ごましらす菜飯

材料と下準備 2人分

大根の葉 … 1/2本分（100g）

温かいご飯 … どんぶり2杯分（400g）

しらす干し … 20g

いりごま（白）… 小さじ2

塩 … 小さじ1/2

作り方

1 鍋にたっぷりの湯を中火で沸かして塩少々（分量外）を入れ、大根の葉の根元を入れて2分ほどゆで、葉先も沈めてさらに1分ほどゆでる。氷水に取って冷まし、水けを絞って細かく刻み、もう一度水けを絞って塩を混ぜる。

2 ボウルにご飯を入れ、大根の葉、しらす干し、いりごまを加えて混ぜる。

鍋といえば白菜！白菜といえば鍋！
鶏だんごとのシンプルな組み合わせでも
抜群においしくなるのが白菜の力。

白菜と鶏だんごの
うま塩鍋
➡ P30

小¼個

白菜麻婆春雨
→ P31

しっかり味が入ったひき肉と
うまみを吸った春雨、それを
支える白菜……すべてが美味！

とろみがあって、
しっかり体が温まる煮ものです。
白菜は魚介とも好相性。

白菜とえびのクリーム煮
→ P31

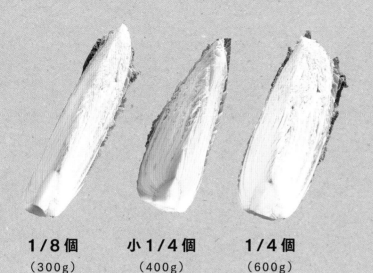

白菜

旬　11～2月

栄養　ビタミンCを多く含み、老化予防や肌の調子を整えてくれるほか、免疫力アップも。黒い斑点はポリフェノールの一種なのでそのまま食べて大丈夫です。

1/8個
（300g）

小1/4個
（400g）

1/4個
（600g）

白菜と鶏だんごの
うま塩鍋

材料と下準備　2～3人分

白菜 … 1/4個（600g）
　▶ 軸と葉に切り分け、軸はひと口大、葉は大きめのひと口大に切る

鶏だんご
　鶏ひき肉 … 300g
　しょうが（すりおろし）… 1/2かけ分
　酒 … 大さじ1
　片栗粉 … 大さじ1/2
　ごま油 … 小さじ1
　塩 … 小さじ1/3
　▶ 粘りが出るまで練り混ぜる

A だし汁 … 1000㎖
　酒 … 大さじ2
　みりん … 大さじ2
　塩 … 小さじ1と1/3
　しょうゆ … 小さじ1/2

細ねぎ（斜め切り）… 適量

作り方

1 鍋にAを混ぜて強火で煮立て、中火にして、鶏だんごのたねをスプーン2本を使ってひと口大に丸めながら入れる。白菜の軸も加え、5分ほど煮る。

2 鶏だんごに火が通ったら白菜の葉を加え、白菜の葉がしんなりとしたら細ねぎをのせる。

note
- 鶏ひき肉の代わりに豚ひき肉でもおいしいです。

白菜麻婆春雨

材料と下準備 2〜3人分

白菜 … 小1/4個（400g）
　▶ 軸と葉に切り分け、軸はひと口大、葉は大きめのひと口大に切る

豚ひき肉 … 200g

緑豆春雨 … 30g

にんにく … 1かけ
　▶ みじん切りにする

A 水 … 250㎖
　オイスターソース … 大さじ2
　しょうゆ … 小さじ2
　砂糖 … 小さじ1

B 片栗粉 … 小さじ1
　水 … 小さじ1
　▶ 溶き混ぜる

サラダ油 … 大さじ1

豆板醤 … 小さじ1/2

作り方

1 フライパンにサラダ油、豆板醤、にんにくを入れて中火で熱し、香りが立ったら、ひき肉を加えてほぐしながら炒める。ひき肉の色が変わったら**A**を順に加えて混ぜる。

2 煮立ったら、春雨、白菜の軸、葉の順に加えてふたをし、弱めの中火で15分ほど蒸し煮にする。

3 春雨と白菜の軸に火が通ったらふたを取り、全体を混ぜる。**B**をもう一度混ぜてから回し入れ、とろみをつける。

note
- 春雨は緑豆春雨を使用してください。長さは切らず、乾燥のまま加えます。
- 辛いのが好みの場合は仕上げにラー油をかけても。

白菜とえびのクリーム煮

材料と下準備 2人分

白菜 … 小1/4個（400g）
　▶ 軸と葉に切り分け、軸は小さめのひと口大、葉はひと口大に切る

えび … 10尾
　▶ 殻をむいて尾を取り、背に浅い切り込みを入れて背わたを取り、塩・こしょう各少々をふる

A バター … 10g
　小麦粉 … 大さじ2

B 牛乳 … 250㎖
　塩 … 小さじ2/3
　こしょう … 少々

オリーブオイル … 大さじ1/2

作り方

1 フライパンにオリーブオイルを中火で熱し、えびと白菜の軸を炒める。えびの色が変わり、白菜の軸が透き通ったら**A**を順に加え、バターを溶かしながら粉っぽさがなくなるまで炒め合わせる。

2 **B**と白菜の葉を加え、ときどき混ぜながら、とろみがつくまで弱めの中火で5分ほど煮る。

note
- えびの代わりに鶏もも肉や鶏胸肉で作ってもおいしいです。

作っておくとなにかと助かる即席漬けもの。
献立のちょうどよいアクセントになります。
アレンジしやすいのもうれしい！

(作りおき) ## ラーパーツァイ

(材料と下準備) 作りやすい分量

白菜 … 小1/4個（400g）

▶ 軸と葉に切り分け、軸は長さ5cm、幅1cm、
葉は大きめのひと口大に切る。合わせて塩小さじ2を
ふってざっと混ぜ、15分ほどおいて水けをよく絞る

A 赤唐辛子（小口切り）… 1本分

酢 … 大さじ3

砂糖 … 大さじ3

塩 … ひとつまみ

ごま油 … 大さじ2

(作り方)

1 耐熱ボウルに**A**を入れて混ぜ、白菜を加
えてあえる。

2 小さめのフライパンにごま油を中火で熱
し、煙が立ってきたら**1**に回しかけ、ざっと
混ぜる。

(note)

• 保存期間は冷蔵で約5日が目安。

←

アレンジ

ラーパーツァイと豚バラのサンラー炒め

ラーパーツァイにしっかり味があるので味つけは最小限でOK。さっと炒めるだけで完成です。

材料と下準備 2人分

ラーパーツァイ … 1/2量（200g）

豚バラ薄切り肉 … 150g

▶ 長さ5cmに切り、塩・こしょう各少々をふる

ごま油 … 小さじ1

しょうゆ … 小さじ1

ラー油 … 少々

作り方

1 フライパンにごま油を中火で熱し、豚肉を炒め、色が変わったらラーパーツァイとしょうゆを加えてさっと炒め合わせる。器に盛り、ラー油をかける。

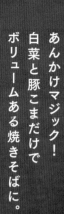
あんかけマジック！
白菜と豚こまだけで
ボリュームある焼きそばに。

白菜と豚こまの
あんかけ焼きそば
➡P36

白菜とハムの
レモン春巻き
➡P36

春巻きの新境地！
具にレモンの皮を混ぜ込んで
さっぱりとしたあと味に。

34

白菜とゆで卵の
デリサラダ
➡ P37

主菜にもなるパワーサラダ。
生で食べる白菜もしゃきしゃきして
おいしいものです。特に軸！

材料を鍋に入れて火にかけるだけ！
白菜に水けがたっぷりあるので、
最小限の水分でOKです。

白菜とソーセージの
ワイン蒸し煮
➡ P37

白菜と豚こまの
あんかけ焼きそば

材料と下準備 2人分

白菜 … 1/8個（300g）
　▶ 軸と葉に切り分け、軸は小さめのひと口大、
葉はひと口大に切る

焼きそば麺 … 2玉
　▶ 軽くほぐす

豚こま切れ肉 … 120g
　▶ 酒大さじ1、片栗粉小さじ1、塩・こしょう各少々をもみ込む

A　水 … 200㎖
　　オイスターソース … 大さじ2
　　片栗粉 … 大さじ1と1/2
　　しょうゆ … 小さじ1
　　鶏がらスープの素（顆粒）… 小さじ1/2
　▶ 混ぜ合わせる

サラダ油 … 大さじ1＋大さじ1/2

練り辛子 … 適量

作り方

1 フライパンにサラダ油大さじ1を中火で熱し、麺を1玉ずつまとめて入れ、ときどきフライ返しで押さえながら3〜4分焼く。焼き色がついたら上下を返し、さらに1〜2分焼いて器に盛る。

2 **1**のフライパンにサラダ油大さじ1/2をたして中火で熱し、豚肉を炒め、色が変わったら白菜の軸を加えて炒め合わせる。白菜の軸が透き通ってきたら白菜の葉を加え、さらに炒め合わせる。

3 白菜の葉がしんなりとしたら、**A**をもう一度混ぜてから加える。混ぜながら煮立たせ、とろみがついたら麺にかけ、練り辛子を添える。

note
- 焼きそば麺はこんがりと焼き色がつくまで焼くのがおすすめ。

白菜とハムの
レモン春巻き

材料と下準備 10本分

白菜 … 1/8個（300g）
　▶ 長さ5㎝のせん切りにし、塩小さじ1と1/2をふってざっと混ぜ、10分ほどおいて水けをよく絞る

ロースハム … 5枚
　▶ 幅5㎜に切る

レモンの皮（国産）**… 1/2個分**
　▶ すりおろす

春巻きの皮 … 10枚

A　小麦粉 … 小さじ1
　　水 … 小さじ1
　▶ 溶き混ぜる

揚げ油 … 適量

作り方

1 ボウルに白菜を入れてほぐし、ハムとレモンの皮を加えてざっと混ぜる。

2 春巻きの皮1枚を角が手前になるように置き、中央よりやや手前に**1**の1/10量をのせる。手前の皮をかぶせてひと巻きし、左右の皮を折りたたみ、さらに巻いて、巻き終わりに**A**を塗って留める。残りも同様にする。

3 フライパンに揚げ油を深さ2㎝ほど入れて170℃に熱し、**2**をときどき返しながらきつね色になるまで4〜5分揚げ、油をきる。

白菜とゆで卵の
デリサラダ

材料と下準備　2人分

白菜 … 1/8個（300g）
　▶ 軸と葉に切り分け、軸は長さ5cmのせん切り、
葉はひと口大に切る

ベーコン（薄切り）… 3枚
　▶ 長さ1cmに切る

ゆで卵 … 2個
　▶ 4つ割りにする

A にんにく（すりおろし）… 少々
　マヨネーズ … 大さじ3
　牛乳 … 大さじ1
　塩 … ひとつまみ
　こしょう … 少々

粗びき黒こしょう、パセリ（あれば）… 各適量

作り方

1 フライパンにベーコンを入れて中火で熱
し、さっと炒める。

2 ボウルに**A**を入れて混ぜ、白菜を加えて
あえ、さらにベーコンとゆで卵を加えてざっ
くりと混ぜる。器に盛って粗びき黒こしょう
をふり、パセリの葉先を摘みながら散らす。

note
- ベーコンの代わりにハムでも。その場合は炒めなくてOK。
- ゆで卵は鍋に湯を沸かし、冷蔵室から出したての卵を入
れ、中火で8分ほどゆでたものです。半熟がおすすめです
が、かたさは好みで構いません。

白菜とソーセージの
ワイン蒸し煮

材料と下準備　2人分

白菜 … 1/8個（300g）
　▶ ひと口大に切る

ウインナソーセージ … 6本
　▶ 片面に浅い切り込みを斜めに入れる

にんにく … 1かけ
　▶ 縦半分に切り、包丁の腹を当ててつぶす

ローリエ … 1枚

A 白ワイン … 大さじ2
　オリーブオイル … 大さじ2

塩 … 小さじ1/4

作り方

1 鍋に白菜を入れて塩をふり、にんにく、ロー
リエ、ソーセージの順に加える。**A**を回し
入れて中火で熱し、煮立ってきたらふた
をして、弱火で15分ほど蒸し煮にする。

note
- ウインナソーセージの代わりにベーコンでもおいしいです。
- 白ワインの代わりに酒でも作れますが、風味を楽しむなら白
ワインがおすすめ。

玉ねぎ
2個

シンプルに焼いた玉ねぎに
ソース代わりの肉みそを合わせて。
味もボリュームも文句なし！

焼き玉ねぎの肉みそがけ
➡ P40

丸ごと玉ねぎのレンジ蒸し
➡P41

忙しくてもこれなら作れる！
レンチンするだけでおいしい
究極のお助けレシピ。

玉ねぎとハムの
レモンマリネ
➡P41

副菜として、献立にもお弁当にも
大活躍！ 漬けておくだけで
ぐんぐんおいしくなります。

玉ねぎ

芽が出る前に食べきって！

旬

乾燥させず、収穫後すぐに出荷される新玉ねぎは4〜5月

栄養

刺激成分である硫化アリルが血液をサラサラにして、血栓ができるのを予防します。栄養効果を期待するなら生食がおすすめ。

保存

普通の玉ねぎは風通しのよい場所で常温保存、新玉ねぎは野菜室で保存します。

2個
（400g）

1個
（200g）

焼き玉ねぎの肉みそがけ

材料と下準備 2人分

玉ねぎ … **2個**（400g）
▶4等分の輪切りにする

豚ひき肉 … 200g

にんにく … 1かけ
▶みじん切りにする

A みそ … 大さじ2

酒 … 大さじ2

みりん … 大さじ2

片栗粉 … 小さじ1
▶混ぜ合わせる

サラダ油 … 小さじ1＋小さじ1

細ねぎ（小口切り）、いりごま（白）… 各適量

作り方

1 フライパンにサラダ油小さじ1を強めの中火で熱し、玉ねぎを並べて、ときどきフライ返しで押さえながら2分ほど焼く。焼き色がついたら上下を返し、ふたをして弱火で5分ほど蒸し焼きにし、器に盛る。

2 1のフライパンにサラダ油小さじ1とにんにくを入れて中火で熱し、香りが立ったらひき肉を加え、ほぐしながら炒める。ひき肉の色が変わったら、**A**をもう一度混ぜてから加え、炒め合わせる。

3 とろみがついたら玉ねぎにかけ、細ねぎをのせていりごまをふる。

丸ごと玉ねぎの
レンジ蒸し

材料と下準備　2人分

玉ねぎ … 2個（400g）

> ▶ 上下を薄く切り落とし、上から深さ半分ほどのところまで十文字の切り込みを入れる。1個ずつラップで包み、耐熱皿にのせて電子レンジで7分ほど加熱し、そのまま5分ほど蒸らす

削り節、青のり … 各適量

しょうゆ … 小さじ2

作り方

1 器に玉ねぎを盛って切り込みを開き、削り節と青のりをふり、しょうゆをかける。

（作りおき）

玉ねぎとハムのレモンマリネ

材料と下準備　作りやすい分量

玉ねぎ … 2個（400g）

> ▶ 縦半分に切ってから横に薄切りにする。塩小さじ1/4をふってもみ込み、水に30分ほどさらし、塩を洗い流して、ペーパータオルではさんで水けを押さえる

ロースハム … 4枚

> ▶ 8等分の放射状に切る

レモン（国産）… 1/2個

> ▶ 薄いいちょう切りにする

A レモン果汁 … 大さじ1

　　オリーブオイル … 大さじ3

　　塩 … 小さじ2/3

　　こしょう … 少々

作り方

1 ボウルに**A**を入れて混ぜ、玉ねぎを加えて軽くもむようにあえる。さらにハムとレモンを加えて混ぜ、30分以上おいて味をなじませる。

（note）

- 保存期間は冷蔵で約5日が目安。
- 玉ねぎの辛みを抜くため、水に30分ほどさらします。新玉ねぎを使う場合は水にさらさなくて大丈夫です。

玉ねぎと豚肉のシンプルな組み合わせに変化を加えるのがはちみつ! 甘じょっぱくておいしい一品です。

玉ねぎと豚肉のはちみつじょうゆ炒め

材料と下準備　2人分

玉ねぎ … 2個（400g）
　▶ 根元をつけたまま8等分のくし形切りにする

豚肩ロース厚切り肉（とんかつ用）**… 2枚**（250g）
　▶ ひと口大に切って塩少々をふり、小麦粉適量を薄くまぶす

A にんにく（すりおろし）**… 少々**
　しょうゆ … 大さじ2
　酒 … 大さじ1
　はちみつ … 大さじ1
　▶ 混ぜ合わせる

サラダ油 … 小さじ1

リーフレタス … 適量

作り方

1 フライパンにサラダ油を中火で熱し、豚肉を並べて2分ほど焼く。焼き色がついたら上下を返し、1分ほど焼いて取り出す。

2 1のフライパンを中火で熱し、玉ねぎの切り口を下にして並べ、1〜2分焼く。焼き色がついたら上下を返し、豚肉をのせてふたをし、弱火で5分ほど蒸し焼きにする。

3 ふたを取って中火にし、Aを加えて照りよく炒め合わせる。器に盛り、リーフレタスを添える。

note

• Aに粒マスタード小さじ2を加えてもおいしいです。

玉ねぎ
1個

玉ねぎの肉巻きカツ

材料と下準備 2人分

玉ねぎ … 1個（200g）
　▶ 4等分の輪切りにする

豚もも薄切り肉 … 8枚（160g）

塩 … 小さじ1/4

こしょう … 少々

小麦粉 … 適量

溶き卵 … 1個分

パン粉 … 適量

揚げ油 … 適量

中濃ソース、水菜（ざく切り）、
　　レモン（国産・くし形切り）… 各適量

作り方

1 玉ねぎ1切れに豚肉2枚を十字になるように巻き、塩、こしょうをふる。小麦粉、溶き卵、パン粉の順に衣をつける。

2 フライパンに揚げ油を深さ2cmほど入れて160℃に熱し、**1**をときどき返しながら8分ほど揚げる。油をきり、好みで半分に切る。

3 器に盛って中濃ソースをかけ、水菜とレモンを添える。

note

- 玉ねぎは厚めに切っているので、低温でじっくり揚げて火を通します。

じゃがいも

3個

いつもの肉じゃがを
カレー味でアレンジ。
ご飯がますます進んでしまう！

じゃがいもと豚バラの
カレーじょうゆ煮
➡P46

子ども受け抜群！
しっかり押さえながら焼くのが
カリッと仕上げるこつ。

ハムガレット
→ P47

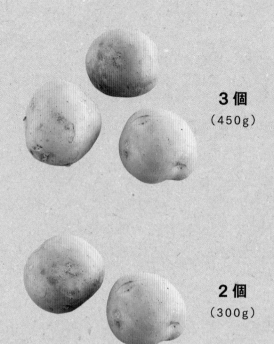

3個
（450g）

2個
（300g）

じゃがいも

旬

収穫後すぐに出荷される、皮の薄い新じゃがいもは5〜6月

栄養

ビタミンCの含有量が多く、免疫力を高め、ストレスに対抗する力をサポートしてくれます。

保存

風通しのよい場所で常温で保存します。芽が出ているものはしっかりと取り除いてから調理を。

じゃがいもと豚バラの
カレーじょうゆ煮

材料と下準備 2人分

じゃがいも … **3個**（450g）
　▶4等分に切り、水にさっとさらして水けをきる

豚バラ薄切り肉（しゃぶしゃぶ用）… 150g

玉ねぎ … 1/2個
　▶厚さ1cmのくし形切りにする

A 水 … 300mℓ
　　しょうゆ … 大さじ2と1/2
　　みりん … 大さじ2
　　砂糖 … 大さじ1

サラダ油 … 大さじ1/2

カレー粉 … 大さじ1/2

作り方

1 フライパンにサラダ油を中火で熱し、豚肉を炒め、色が変わったらじゃがいもと玉ねぎを加えて炒め合わせる。全体に油が回ったらカレー粉を加えて炒め合わせ、粉っぽさがなくなったら**A**を加える。

2 煮立ったら落としぶたをし、途中で上下を1〜2回返して、弱めの中火で12分ほど煮る。じゃがいもに竹串を刺し、すっと通るようになったら落としぶたを取り、強めの中火にしてさっと煮からめる。

note
● 豚バラ薄切り肉の代わりに牛こま切れ肉でもOK。

ハムガレット

材料と下準備 直径20cmのフライパン1枚分

じゃがいも … 3個（450g）

▶ あればスライサーでせん切りにし（水にさらさない）、
塩小さじ1/3、こしょう少々をふり混ぜる

ロースハム … 4枚

オリーブオイル … 大さじ2＋大さじ1

粉チーズ … 適量

作り方

1 直径20cmのフライパンにオリーブオイル大さじ2を中火で熱し、じゃがいもの1/2量を広げ入れる。中央にハム4枚を重ねてのせ、残りのじゃがいもを全体に広げ入れ、ときどきフライ返しで押さえながら4分ほど焼く。

2 焼き色がついたら上下を返し、フライパンの縁からオリーブオイル大さじ1をたし、弱めの中火でさらに6分ほど焼く。食べやすい大きさに切って器に盛り、粉チーズをふる。

note

- じゃがいもは水にさらしません。そうすることでじゃがいも同士がくっつきやすくなります。

- いただくときに好みでトマトケチャップをつけても。

そのまま食べてよし、
肉料理に添えるもよし、
パンに塗ってもよし！

note

- 保存期間は冷蔵で約5日が目安。

- じゃがいもが温かいうちにクリームチーズとバターを混ぜ、よくなじませてください。

作りおき

オニオンチーズ
マッシュポテト

材料と下準備 作りやすい分量

じゃがいも … 3個（450g）

▶ 1個ずつラップで包み、耐熱皿にのせて
電子レンジで4分ほど加熱し、上下を返して
さらに4分ほど加熱する

A クリームチーズ … 50g

　バター … 30g

B 玉ねぎ（すりおろし）… 1/8個分

　にんにく（すりおろし）… 少々

　牛乳 … 大さじ4

　塩 … 小さじ1/2

　こしょう … 少々

粗びき黒こしょう … 適量

作り方

1 じゃがいもが熱いうちに皮をむいてボウルに入れ、マッシャーなどでつぶし、Aを加えてよく混ぜる。さらにBを加えて混ぜ、粗びき黒こしょうをふる。

厚切り肉の食べごたえと
ジューシーさに対抗できるのは
じゃがいもだけ！

じゃがいもと豚肉の
粒マスタードじょうゆ炒め

材料と下準備 2人分

じゃがいも … **2個**（300g）
　▶厚さ1cmの半月切りにし、水にさっとさらして水けをきる

豚肩ロース厚切り肉（とんかつ用）… **2枚**（250g）
　▶ひと口大に切り、塩小さじ1/3、
　粗びき黒こしょう少々をふる

レモン（国産・輪切り）… **4枚**

ミニトマト … **8個**

A 粒マスタード … 大さじ1
　　 しょうゆ … 大さじ1/2

オリーブオイル … 大さじ1/2

作り方

1 フライパンにオリーブオイルを中火で熱し、豚肉を並べて2〜3分焼く。焼き色がついたら上下を返し、さっと焼いて取り出す。

2 1のフライパンを中火で熱し、じゃがいもを重ならないように広げ入れ、3〜4分焼く。軽く焼き色がついたら上下を返し、豚肉、レモン、ミニトマトの順に全体にのせる。水大さじ2（分量外）を回し入れてふたをし、中火のまま3分ほど蒸し焼きにする。

3 ふたを取り、強めの中火にして、余分な水分があれば飛ばす。**A**を加え、さっと炒め合わせる。

ゆずこしょうと青じそで
ちょっと和風に仕上げました。
お弁当にもぴったりです。

ツナと青じその
ゆずこしょうポテサラ

材料と下準備　2人分

じゃがいも … 2個（300g）
　▶ 1個ずつラップで包み、耐熱皿にのせて電子レンジで
　　3分ほど加熱し、上下を返してさらに2分ほど加熱する

ツナ缶（油漬け）**… 1缶**（70g）
　▶ 缶汁をきる

青じそ … 5枚
　▶ 小さくちぎる

A マヨネーズ … 大さじ4
　　ゆずこしょう … 小さじ1/2
　▶ 混ぜ合わせる

作り方

1 じゃがいもの粗熱がとれたら皮をむいて
　　ボウルに入れ、フォークなどで粗くつぶし、
　　冷ます。

2 Aを加えてよく混ぜ、ツナと青じそを加えて
　　ざっと混ぜる。

note

- ツナ缶の代わりにハムで作ってもおいしいです。

にんじんの甘みを
コチュジャンが引き立てます。
鶏肉で満足度アップ！

にんじんと鶏肉の
コチュジャン煮
➡ P52

作りおき

にんじんの
たらこマヨ炒め
→ P53

あっという間に完成！
お弁当にもちょうどいい、
気の利いた副菜です。

にんじんと豚バラの
エスニック炒め
→ P53

にんじん
2本

にんじんは蒸し煮にしてから
炒めるからほっこりやわらか。
豚バラとナンプラーもマッチ。

51

4〜7月、10〜12月

野菜の中でもβ-カロテンの含有量はトップクラス。皮膚や粘膜を強くし、免疫力を高め、健康維持に欠かせません。脂溶性なので油といっしょにとると吸収率がアップします。

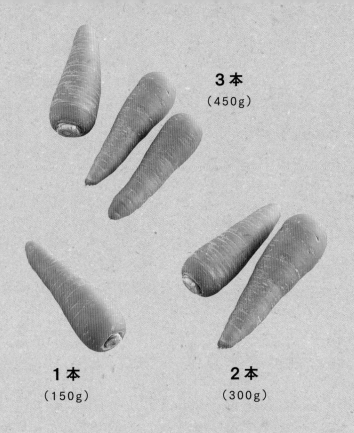

3本
（450g）

1本
（150g）

2本
（300g）

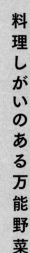

にんじんと鶏肉の
コチュジャン煮

材料と下準備　2〜3人分

にんじん … 3本（450g）

▶ 長さを半分に切り、上半分は6つ割り、
下半分は4つ割りにする

鶏もも肉 … 大1枚（300g）

▶ 余分な脂肪を取り、ひと口大に切る

にら … 1/4束

▶ 長さ5cmに切る

A にんにく（すりおろし）… 1/2かけ分

　　水 … 300㎖

　　コチュジャン … 大さじ2

　　しょうゆ … 大さじ2

　　砂糖 … 大さじ1

サラダ油 … 大さじ1/2

すりごま（白）… 適量

作り方

1 フライパンにサラダ油を中火で熱し、鶏肉を炒める。色が変わったらにんじんを加えて炒め合わせ、全体に油が回ったら**A**を加えて混ぜる。

2 煮立ったら落としぶたをし、弱めの中火で20分ほど煮る。落としぶたを取り、にらを加えてさっと煮からめ、器に盛ってすりごまをふる。

note

• 鶏もも肉の代わりに牛こま切れ肉で作っても合います。

作りおき

にんじんのたらこマヨ炒め

材料と下準備　作りやすい分量

にんじん … 3本（450g）
　▶ あればスライサーで短めのせん切りにする

たらこ … 大1腹（100g）
　▶ 薄皮に切り目を入れ、身をこそげ出す

A 酒 … 大さじ2
　　マヨネーズ … 大さじ2

サラダ油 … 大さじ1

しょうゆ … 小さじ1/2

作り方

1 フライパンにサラダ油を中火で熱し、にんじんを3〜4分炒める。しんなりとしたら、たらこと**A**を加え、炒め合わせる。

2 たらこがほぐれて色が変わったら、しょうゆを加えてさっと炒め合わせる。

note

- 保存期間は冷蔵で約5日が目安。
- たらこの代わりに辛子明太子でもOK。

にんじんと豚バラの
エスニック炒め

材料と下準備　2人分

にんじん … 2本（300g）
　▶ 4つ割りにしてから長さ6cmの細長い乱切りにする

豚バラ薄切り肉 … 120g
　▶ 長さ5cmに切る

A オイスターソース … 大さじ1
　　酒 … 大さじ1
　　ナンプラー … 小さじ2
　　砂糖 … 小さじ1/2
　▶ 混ぜ合わせる

サラダ油 … 小さじ1

香菜（ざく切り） … 適量

作り方

1 フライパンに、にんじんを広げ入れ、水130mℓ（分量外）を回し入れる。ふたをして中火で熱し、8分ほど蒸し煮にする。

2 にんじんに竹串を刺し、すっと通るようになったらふたを取り、余分な水分があれば飛ばす。サラダ油を加え、中火のまま炒める。

3 全体に油が回ったら豚肉を加え、炒め合わせる。豚肉の色が変わったら**A**を加えて強火にし、照りよくからめる。器に盛り、香菜を添える。

note

- にんじんに厚みがあるので先に蒸し煮にし、火を通してから炒めます。

にんじんのソースつくね

材料と下準備 2人分

にんじん … 1本(150g)
▶ あればスライサーで短めのせん切りにし、
塩少々をふってざっと混ぜ、5分ほどおいて水けをよく絞る

A 鶏ひき肉 … 250g
　溶き卵 … 1個分
　しょうが(すりおろし) … 1かけ分
　片栗粉 … 大さじ1
　塩 … 少々

B ウスターソース … 大さじ2
　酒 … 大さじ1/2
　しょうゆ … 大さじ1/2
　みりん … 大さじ1/2
　片栗粉 … ひとつまみ
▶ 混ぜ合わせる

サラダ油 … 小さじ2

作り方

1 ボウルに**A**を入れて粘りが出るまで練り
混ぜ、にんじんを加えてさっと混ぜ、8等
分にして小判形に整える。

2 フライパンにサラダ油を中火で熱し、**1**を
並べて2分ほど焼く。焼き色がついたら
上下を返し、ふたをして弱火で3分ほど
蒸し焼きにする。

3 ふたを取り、余分な脂をペーパータオル
で拭き、**B**をもう一度混ぜてから加える。
強めの中火にして、煮立たせながら照りよ
くからめる。器に盛り、フライパンに残った
ソースをかける。

note

• つくねのたねはやわらかいので、手に水をつけると成形し
やすいです。

定番のキャロットラペは
やっぱりなにかと助かります。
前菜、副菜として大活躍！

オレンジキャロットラペ

材料と下準備 2人分

にんじん … 1本（150g）

　▶ あればスライサーでせん切りにし、塩ひとつまみをふって
　ざっと混ぜ、10分ほどおいてよくもみ、水けをよく絞る

オレンジ … 1個

　▶ 皮をむき、薄皮から身を取り出す

A オリーブオイル … 大さじ1と1/2

　酢 … 大さじ1/2

　塩 … 小さじ1/4

　砂糖 … 小さじ1/4

　こしょう … 少々

作り方

1 ボウルに**A**を入れて混ぜ、にんじんを加えてあえる。よくなじんだらオレンジを加え、ざっと混ぜる。

さつまいも 小2本

大学いもをイメージした炒めもの。
くせになる甘さで、
ついリピートしてしまうおいしさ！

作りおき

さつまいもの
ハニーバターごま炒め
➡P58

フライパンに入れて蒸し煮にするだけ！
さつまいもの甘みに
辛い味つけがよく合います。

さつまいもと豚こまの
韓国風蒸し
➡ P59

さつまいもとベーコンの
アイオリ炒め
➡ P59

マヨネーズとにんにくが効いてる！
口の中にしっかりとしたおいしさが広がる
簡単炒めもの。

小1本
（200g）

小2本
（400g）

1本
（300g）

さつまいも

旬　9〜11月

栄養　腸内環境を整え、血糖値の上昇をゆるやかにする食物繊維が豊富です。皮にも食物繊維が含まれているので、皮つきで調理するのがおすすめ。

保存　風通しのよい場所で常温で保存します。

（作りおき）

さつまいものハニーバターごま炒め

（材料と下準備）　作りやすい分量

さつまいも … 小2本（400g）
▶ 皮つきのまま幅1cmの斜め切りにしてから
縦に幅1cmに切り、水にさっとさらして水けをきる

A いりごま（黒）… 大さじ1
バター … 20g
はちみつ … 大さじ1
しょうゆ … 小さじ1
サラダ油 … 大さじ2
砂糖 … 大さじ5

（作り方）

1 フライパンにサラダ油を中火で熱し、さつまいもを4〜5分炒める。竹串を刺し、すっと通るようになったら、砂糖をふり入れて炒め合わせる。

2 砂糖が溶けたら**A**を加え、バターを溶かしながら炒め合わせる。

（note）

• 保存期間は冷蔵で約5日が目安。

さつまいもと豚こまの
韓国風蒸し

材料と下準備　2人分

さつまいも … 1本（300g）
　▶ 皮つきのまま厚さ1cmの輪切りにし、
水にさっとさらして水けをきる

A 豚こま切れ肉 … 150g
　にんにく（すりおろし）… 1/2かけ分
　酒 … 大さじ1と1/2
　コチュジャン … 大さじ1と1/2
　しょうゆ … 大さじ1/2
　砂糖 … 大さじ1/2
　▶ ボウルに豚肉以外の材料を入れて混ぜ、
豚肉を加えてもみ込む

ごま油 … 小さじ1

長ねぎ（せん切り）、一味唐辛子 … 各適量

作り方

1 フライパンにさつまいもを重ならないように広げ入れ、**A**を全体にのせ、水100㎖（分量外）を回し入れる。ふたをして中火で熱し、10分ほど蒸し煮にする。

2 さつまいもに竹串を刺し、すっと通るようになったらふたを取り、余分な水分があれば飛ばす。ごま油を回し入れてさっと混ぜ、器に盛って長ねぎを添え、一味唐辛子をふる。

note
- 豚こま切れ肉の代わりに豚バラ薄切り肉や牛こま切れ肉で作ってもおいしいです。

さつまいもとベーコンの
アイオリ炒め

材料と下準備　2人分

さつまいも … 1本（300g）
　▶ 皮つきのまま厚さ1cmの半月切りにし、
水にさっとさらして水けをきる

ベーコン（薄切り）… 3枚
　▶ 幅5mmに切る

玉ねぎ … 1/2個
　▶ 縦に薄切りにする

A にんにく（すりおろし）… 1/4かけ分
　マヨネーズ … 大さじ2
　塩 … 小さじ1/3

オリーブオイル … 大さじ1/2

粗びき黒こしょう … 適量

作り方

1 フライパンにオリーブオイルを中火で熱し、さつまいもを重ならないように広げ入れ、2分ほど焼く。焼き色がついたら上下を返し、玉ねぎ、ベーコンの順に全体にのせる。水大さじ2（分量外）を回し入れてふたをし、弱火で5分ほど蒸し焼きにする。

2 さつまいもに竹串を刺し、すっと通るようになったらふたを取り、中火にして、余分な水分があれば飛ばす。**A**を加えて炒め合わせ、全体になじんだら器に盛り、粗びき黒こしょうをふる。

note
- みじん切りにした、たっぷりのパセリを**A**に加えてもおいしいです。

さつまいもとはちみつはどうしたって好相性。さわやかなヨーグルトの酸味でさっぱりまとめます。

さつまいもの
ハニーヨーグルトサラダ

材料と下準備 2人分

さつまいも … 1本(300g)

▶ 皮つきのまま1.5cm角に切り、水にさっとさらして水けをきる。耐熱皿に重ならないように広げ入れ、水大さじ1をふり、ふんわりとラップをして電子レンジで4分30秒ほど加熱し、そのまま冷ます

レーズン … 大さじ3

A プレーンヨーグルト(無糖) … 大さじ3

　はちみつ … 大さじ1/2

　塩 … 小さじ1/3

　こしょう … 少々

作り方

1 ボウルに**A**を入れて混ぜ、さつまいもとレーズンを加えてあえる。

さつまいもの食感と甘みを活かす
炊き込みご飯。
しょうがの風味がぴったりマッチ！

さつまいもとひき肉の
しょうが炊き込みご飯

材料と下準備 4人分

さつまいも … 小1本（200g）
　▶ 皮つきのまま縦半分に切り、水にさっとさらして水けをきる

米 … 2合
　▶ 炊く30分ほど前に洗ってざるに上げ、水けをきる

豚ひき肉 … 200g

しょうが … 2かけ
　▶ せん切りにする

A しょうゆ … 大さじ2
　みりん … 大さじ2
　塩 … 小さじ1/4

作り方

1 炊飯器の内がまに米と**A**を入れ、2合の目盛りまで水適量（分量外）を加えて混ぜる。さつまいもをのせ、さらにひき肉としょうがを広げ入れ、普通に炊く。

2 炊き上がったら、しゃもじでさつまいもを崩しながらざっくりと混ぜる。

note

● 豚ひき肉の代わりに刻んだ豚バラ薄切り肉で作ってもおいしいです。

61

こんな食材も大量消費！ ❶

牛乳

牛乳をおいしく食べちゃいましょう！

牛乳が余っています、このままでは大量に廃棄されてしまうので、みなさん牛乳を飲んでください！ そんな呼びかけを、近年よく見かけるようになりました。

その遠因は、2014年のバター不足。このときの反省を活かして、国は生乳（牛乳やバターのもとになるもの）の生産量を増やすべく、各地の牧場の大規模化を

ほくほくと食べごたえあるグラタン。ゆで卵を加えると彩りと食感がより豊かに！

推進しました。おかげで生乳はたっぷり供給されるようになったのですが、たとえば新型コロナのような不測の出来事によって、牛乳の消費量が急激に減ってしまうと、途端に大量の牛乳が余るようになってしまったのです。

生乳を作っているのは牛です。生き物ですから、人間の都合ですぐに生乳の生産量を増やしたり減らしたりはできません。現場で腐心している酪農家のみなさんや、生乳を作ってくれている牛たちのためにも、こうしたときにはできるだけ協力したいもの。たとえばこうしたレシピで牛乳を使うだけでも十分です。料理で牛乳をおいしく大量消費しましょう！

ベーコンとかぼちゃの エッグクリームグラタン

材料と下準備　2人分

ベーコン（ブロック）… 70g
▶ 8mm角の棒状に切る

ゆで卵 … 1個
▶ 4つ割りにする

かぼちゃ … 1/4個（350g）
▶ わたと種を取り、小さめのひと口大に切る。
耐熱皿に皮を下にしてのせ、ふんわりとラップをして
電子レンジで5分30秒ほど加熱する

玉ねぎ … 1/2個
▶ 縦に薄切りにする

ピザ用チーズ … 60g

A 牛乳 … **500㎖**
　塩 … 小さじ1/2
　こしょう … 少々

バター … 30g

小麦粉 … 大さじ3

作り方

1 フライパンにバターを中火で溶かし、玉ねぎを2分ほど炒める。しんなりとしたら小麦粉を加え、粉っぽさがなくなるまで炒め合わせ、**A**を加えてよく混ぜる。

2 煮立ったら弱めの中火にし、混ぜながら3〜4分煮る。とろみがついたらベーコンとかぼちゃを加え、さっと混ぜる。

3 耐熱容器に**2**を入れ、ゆで卵をのせてピザ用チーズを散らす。オーブントースターで表面に焼き色がつくまで10分ほど焼く。

note
- ゆで卵は鍋に湯を沸かし、冷蔵室から出したての卵を入れ、中火で8分ほどゆでたものです。半熟がおすすめですが、かたさは好みで構いません。

カッテージチーズは
牛乳で簡単に作れます！
そのまま食べても美味。

手作りカッテージチーズの
ハニートースト

材料と下準備　2人分

カッテージチーズ

牛乳 … **400mℓ**

酢 … 大さじ2

塩 … ひとつまみ

食パン（6枚切り）… 2枚

粗びき黒こしょう、はちみつ

… 各適量

作り方

1 カッテージチーズを作る。小鍋に牛乳を入れて中火で熱し、ときどき混ぜる。鍋の縁がフツフツとしてきたら火を止め、酢を回し入れてゆっくりとひと混ぜし、そのまま5分ほどおく。

2 ペーパータオルを敷いたざるをボウルに重ね、**1**を流し入れる。20分ほどおいて水けをきり（☆）、塩を加えて混ぜる。カッテージチーズのでき上がり（約90g）。

3 食パンにカッテージチーズを等分にのせ、オーブントースターで5〜6分焼く。器に盛り、粗びき黒こしょうをふってはちみつをかける。

note

- カッテージチーズを作る際、ボウルに落ちた液体はホエー（乳清）と呼ばれ、水溶性ビタミン類やミネラルを含んでいます。酸味があるのではちみつと混ぜ、氷を入れたグラスに注ぎ、ドリンクとしていただくのがおすすめ。ホエー250mℓに対してはちみつ大さじ2が目安です。

みんな大好きなシチュー。長いもの食感がとてもよく合います。

鶏肉、長いも、ブロッコリーの
クリームシチュー

材料と下準備 2人分

鶏もも肉 … 1枚（250g）
　▶ 余分な脂肪を取ってひと口大に切り、
　塩・こしょう各少々をふり、小麦粉適量を薄くまぶす

長いも … 150g
　▶ 厚さ1cmの半月切りにする

ブロッコリー … 1/2株（150g）
　▶ 小房に分け、茎は厚めに皮をむいて厚さ5mmの半月切りにする

玉ねぎ … 1/2個
　▶ 縦に薄切りにする

A 牛乳 … 400㎖
　　塩 … 小さじ1/2
　　こしょう … 少々

オリーブオイル … 大さじ1

小麦粉 … 大さじ2

作り方

1 鍋にオリーブオイルを中火で熱し、鶏肉を炒め、色が変わったら玉ねぎを加えて2分ほど炒め合わせる。玉ねぎがしんなりとしたら小麦粉を加え、さらに炒め合わせる。

2 粉っぽさがなくなったら**A**を加えてよく混ぜ、長いもとブロッコリーを加えて混ぜる。煮立ったらふたをして、弱火で10分ほど煮る。

きのこのマリネ
→P68

電子レンジでチンするだけ！
時間がなくてもさっと作れるので
もう一品がほしいときにぴったり。

作りおき

なめたけ
→P68

ご飯のお供といえばこれ！
自家製はやっぱりおいしいし
たっぷりのせても罪悪感なし。

えのきの肉巻き
香味だれ
➡ P69

➡ P69

きのこ 200g

豚バラのジューシー感と
えのきの小気味よい食感の
組み合わせがなんともおもしろい！

鮭のソテー
マッシュルームソース
➡ P69

➡ P69

きのこ 100g

白身魚などによく合うソース。
シンプルな焼き魚が
ぐんとおいしくなります！

きのこのマリネ

材料と下準備 2人分

しめじ … 2パック（200g）
　▶ 石づきを取り、小房に分ける

エリンギ … 2本（100g）
　▶ 長さを半分に切ってから縦に薄切りにする

マッシュルーム … 1パック（100g）
　▶ あれば石づきを取り、薄切りにする

A ローリエ … 1枚
　　レモン果汁 … 大さじ1
　　オリーブオイル … 大さじ6
　　塩 … 小さじ3/4

作り方

1 耐熱ボウルに**A**を入れて混ぜ、しめじ、エリンギ、マッシュルームを加える。ふんわりとラップをして電子レンジで5分ほど加熱し、ざっくりと混ぜて、冷ましながら味をなじませる。

note
- きのこは好みのものでアレンジしてもOK。

作りおき

なめたけ

材料と下準備 作りやすい分量

えのきたけ … 4袋（400g）
　▶ 石づきを取って長さを3等分に切り、石づきに近い部分は細かくほぐす

A 酒 … 大さじ5
　　しょうゆ … 大さじ4
　　みりん … 大さじ4
　　砂糖 … 大さじ1/2

作り方

1 鍋に**A**を混ぜ、えのきたけを加える。中火で煮立て、弱めの中火にして、ときどき混ぜながら汁けがほぼなくなるまで10分ほど煮る。

note
- 保存期間は冷蔵で約5日が目安。

えのきの肉巻き
香味だれ

材料と下準備　2人分

えのきたけ … 2袋（200g）
> ▶ 石づきを取り、全部で8つに分ける

豚バラ薄切り肉 … 8枚（160g）
> ▶ 塩・こしょう各少々をふる

A しょうが（みじん切り）… 1かけ分
　　にんにく（みじん切り）… 1/2かけ分
　　しょうゆ … 大さじ2
　　黒酢 … 大さじ1
　　ごま油 … 大さじ1
　　砂糖 … 小さじ2
　　ラー油 … 小さじ2
　　粉山椒 … 少々
> ▶ 混ぜ合わせる

香菜（ざく切り）… 適量

作り方

1 えのきたけに豚肉を1枚ずつ斜めに巻きつける。

2 耐熱皿に**1**の巻き終わりを下にして並べ、ふんわりとラップをして電子レンジで4分30秒ほど加熱する。器に盛り、**A**をかけて香菜をのせる。

note
- 黒酢の代わりに米酢でも作れます。
- 粉山椒はなくても大丈夫ですが、あると風味がよくなります。

鮭のソテー
マッシュルームソース

材料と下準備　2人分

マッシュルーム … 1パック（100g）
> ▶ あれば石づきを取り、薄切りにする

生鮭（切り身）**… 2切れ**
> ▶ 塩小さじ1/4をふって5分ほどおき、ペーパータオルで水けを拭き、こしょう少々をふって小麦粉適量を薄くまぶす

にんにく … 1/2かけ
> ▶ みじん切りにする

A 生クリーム … 100ml
　　塩 … ひとつまみ

オリーブオイル … 大さじ1/2 ＋ 大さじ1/2

作り方

1 フライパンにオリーブオイル大さじ1/2を中火で熱し、鮭を立てるようにして皮を1分ほど焼く。焼き色がついたら、盛りつけるときに表になる面を下にして並べ、2分ほど焼く。上下を返し、さらに弱めの中火で1分ほど焼き、器に盛る。

2 **1**のフライパンの余分な油をペーパータオルで拭き、オリーブオイル大さじ1/2とにんにくを入れて中火で熱し、香りが立ったらマッシュルームを加えてさっと炒める。**A**を加え、煮立たせながら3〜4分煮詰め、とろみがついたら鮭にかける。

note
- 生鮭の代わりにかじきで作ってもおいしいです。

まいたけ天

材料と下準備　2人分

まいたけ … 1パック（100g）
　▶ 6等分にし、小麦粉適量を薄くまぶす

A　溶き卵 … 1/2個分
　　小麦粉 … 55g
　　冷水 … 大さじ5
　▶ 混ぜ合わせる

揚げ油 … 適量

塩 … 適量

作り方

1　フライパンに揚げ油を深さ2cmほど入れて180℃に熱し、まいたけにAをからめてから入れる。ときどき返しながら3〜4分揚げ、カリッとしたら油をきり、器に盛って塩を添える。

それぞれの食感と風味を楽しんで

きのこ

旬
秋

栄養
低カロリー＆低糖質。便秘解消に役立つ食物繊維、エネルギー代謝を助けるビタミンB群が豊富です。

保存
買ってきた状態のパックや袋のまま保存します。水洗いはせず、汚れが気になるときはペーパータオルで拭き取ってから調理を。

エリンギ
2本
（100g）

マッシュルーム
1パック
（100g）

しめじ
2パック
（200g）

えのきたけ
2袋
（200g）

えのきたけ
4袋
（400g）

まいたけ
1パック
（100g）

マッシュルーム
1パック
（100g）

ごくシンプルな天ぷらですが
くせになるおいしさ！
ビールのお供にもぴったりです。

トマト 小4個

もともとうまみがあるトマトは
だしに浸すだけで格別のおいしさに！
栄養たっぷりの副菜です。

作りおき

トマトのだし浸し
➡ P74

トマトとんかつ
→ P75

トマトに豚肉を巻いて揚げれば
ジューシーで甘酸っぱい
夏のごちそうに！

トマトと豚しゃぶの
オニオンじょうゆあえ
→ P75

さっとゆでた豚肉とあえるだけ。
野菜たっぷりで、
暑い夏に助かる簡単おかずです。

73

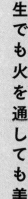

生でも火を通しても美味

トマト

栄養 | 旬

旬 6〜8月

栄養 注目すべき栄養成分はリコピン。赤い色素のことで、強い抗酸化作用があり、動脈硬化やがんなどを予防します。疲労回復に役立つクエン酸も多く含むので夏バテ予防にも。

小4個
（400g）

2個
（300g）

作りおき

トマトのだし浸し

材料と下準備　作りやすい分量

トマト … 小4個（400g）

▶ へたをくり抜き、へたと反対側に
十文字の切り込みを浅く入れる

A だし汁 … 400㎖

酒 … 大さじ2

みりん … 大さじ2

しょうゆ … 大さじ1

塩 … 小さじ1

しょうが（すりおろし） … 適量

作り方

1 鍋に**A**を混ぜて中火で煮立て、2分ほど煮て、耐熱の保存容器に移す。

2 鍋にたっぷりの湯を中火で沸かし、トマトを入れる。皮が少しめくれてきたら氷水に取って冷まし、皮をすべてむいて水けをきる。

3 **1**が温かいうちにトマトを加える。冷めたら冷蔵室で3時間以上おき、味をなじませる。

4 いただくときに、しょうがをのせる。

note

• 保存期間は冷蔵で約3日が目安。

• しょうがの代わりに小口切りにした細ねぎを散らしても。

トマトとんかつ

材料と下準備 2人分

トマト … **2個**(300g)
　▶ 縦半分に切る

豚ロース薄切り肉 … **8枚**(160g)

A 小麦粉 … 大さじ2
　　水 … 大さじ2
　▶ 溶き混ぜる

塩、こしょう … 各少々

パン粉 … 適量

揚げ油 … 適量

中濃ソース、キャベツ（せん切り）、練り辛子
　　… 各適量

作り方

1 トマト1切れに豚肉2枚を十字になるように巻き、塩、こしょうをふる。**A**、パン粉の順に衣をつける。

2 フライパンに揚げ油を深さ2cmほど入れて180℃に熱し、**1**をときどき返しながら4分ほど揚げる。油をきり、4等分に切る。

3 器に盛って中濃ソースをかけ、キャベツと練り辛子を添える。

note

• トマトに豚肉を巻くことで衣がつきやすくなります。

トマトと豚しゃぶの
オニオンじょうゆあえ

材料と下準備 2人分

トマト … **2個**(300g)
　▶ 6等分のくし形切りにしてから長さを半分に切る

豚ロース薄切り肉（しゃぶしゃぶ用）… 150g

みょうが … 2個
　▶ 薄い小口切りにする

A 玉ねぎ（すりおろし）… 大さじ1
　　オリーブオイル … 大さじ2
　　しょうゆ … 大さじ1と1/2

青じそ（せん切り）… 適量

作り方

1 鍋にたっぷりの湯を中火で沸かして塩少々（分量外）を入れ、弱火にして豚肉を1枚ずつ広げ入れ、さっとゆでる。色が変わったらざるに取り出し、水けをきる。

2 ボウルに**A**を入れて混ぜ、豚肉を加えてあえる。トマトとみょうがを加えてさっと混ぜ、器に盛って青じそをのせる。

トマトのおいしさで
さっといただく超簡単うどん。
手軽に栄養がとれます。

トマトかま玉うどん

材料と下準備 2人分

トマト … **2個**（300g）
　▶ 1cm角に切り、ごま油大さじ1、塩少々を混ぜる

冷凍うどん … 2玉

卵黄 … 2個分

細ねぎ（小口切り）… 適量

削り節 … 適量

しょうゆ … 大さじ2

作り方

1 鍋にたっぷりの湯を中火で沸かし、うどん
をパッケージの表示時間どおりにゆで、ざ
るに上げて水けをきる。

2 器にうどんを盛り、トマト、卵黄、細ねぎ、
削り節をのせて、しょうゆをかける。

トマトは火を通すと甘みがぐんと増します。ぱぱっと作れるので朝食にも最適！

トマトとベーコンのタルタル焼き

材料と下準備 2人分

トマト … **2個**（300g）
　▶厚さ1cmの半月切りにする

ベーコン（薄切り）… **3枚**
　▶長さを8等分に切る

A ゆで卵（粗みじん切り）… 1個分
　　マヨネーズ … 大さじ2
　　塩 … 少々
　　こしょう … 少々
　▶混ぜ合わせる

塩、こしょう … 各少々

作り方

1　耐熱容器にトマトとベーコンを交互にのせ、塩、こしょうをふる。**A**をかけ、オーブントースターで7分ほど焼く。

note

• ゆで卵は鍋に湯を沸かし、冷蔵室から出したての卵を入れ、中火で10分ほどゆでたものを使用しています。

作りおき

蒸しなすのごまナムル
→ P80

油をまとったなすって、なんで
こんなにおいしいんでしょう！
副菜なのに満足度高し。

家族みんなが喜ぶケチャップ味の
メインおかずです。
ご飯にもよく合う味つけ！

なすのミートケチャップ炒め
→ P81

なすのひき肉
はさみ揚げ
→ P81

なんてジューシー！
なすと肉だねのおいしさが
揚げることでますますアップ。

なす

3本
（240g）

6本
（480g）

（作りおき）

蒸しなすのごまナムル

材料と下準備　作りやすい分量

なす … 6本（480g）
▶ピーラーで皮を縦にしま目にむき、1本ずつラップで包み、耐熱皿にのせて電子レンジで8分ほど加熱する。ラップをしたまますぐに氷水に取って冷まし、ペーパータオルで水けを拭き、食べやすい大きさに裂く

A いりごま（白）… 大さじ1
　　ごま油 … 大さじ2
　　しょうゆ … 小さじ1
　　塩 … 小さじ3/4

作り方

1 ボウルに**A**を入れて混ぜ、なすを加えてあえる。

note

• 保存期間は冷蔵で約5日が目安。

• なすが一度に加熱できない場合は2回に分け、4分ずつ加熱してください。

• いただくときに一味唐辛子をふっても。

なすのミートケチャップ炒め

材料と下準備 2人分

なす … 3本（240g）
> ▶ ピーラーで皮を縦にしま目にむき、厚さ1cmの輪切りにする

合いびき肉 … 200g

玉ねぎ … 1/2個
> ▶ みじん切りにする

A 赤ワイン（なければ酒）**… 大さじ3**
　トマトケチャップ … 大さじ3
　中濃ソース … 大さじ1
　バター … 10g
　塩 … 小さじ1/4

サラダ油 … 大さじ1

粉チーズ、パセリ（みじん切り）**… 各適量**

作り方

1 フライパンにサラダ油を中火で熱し、玉ねぎを2分ほど炒め、しんなりとしたらひき肉を加えて炒め合わせる。ひき肉の色が変わったらなすを加え、3分ほど炒め合わせる。

2 なすがしんなりとしたら**A**を加えて炒め合わせる。全体になじんだら器に盛り、粉チーズをふってパセリを散らす。

なすのひき肉はさみ揚げ

材料と下準備 2人分

なす … 3本（240g）
> ▶ へたのつけ根にぐるりと切り込みを入れてがくをむき、縦半分に切る。へた側を2cmほど残して、厚みの半分のところに切り込みを入れる

A 豚ひき肉 … 150g
　長ねぎ（みじん切り）**… 1/2本分**
　酒 … 大さじ1
　片栗粉 … 大さじ1
　塩 … 小さじ1/3
> ▶ 粘りが出るまで練り混ぜ、6等分にして俵形にする

B にんにく（すりおろし）**… 少々**
　ポン酢しょうゆ … 大さじ2
> ▶ 混ぜ合わせる

片栗粉 … 適量

揚げ油 … 適量

青じそ … 適量

作り方

1 なすの切り込みに片栗粉を薄くまぶし、**A**をはさんで形を整える。

2 フライパンに揚げ油を深さ2cmほど入れて170℃に熱し、**1**をときどき返しながら4分ほど揚げ、油をきる。

3 器に盛って**B**をかけ、青じそを小さくちぎりながら散らす。

豚肉と同じくらいに
なすに主役感があるおかず。
揚げずに作れる簡単酢豚です。

なす酢豚

材料と下準備 2人分

なす … 3本（240g）
▶ 縦半分に切ってから幅2cmの斜め切りにする

豚肩ロース厚切り肉（とんかつ用）… 2枚（250g）
▶ ひと口大に切り、酒・しょうゆ各小さじ1をもみ込み、片栗粉適量を薄くまぶす

パプリカ（赤）… 1/2個
▶ ひと口大に切る

A 水 … 100ml
　 しょうゆ … 大さじ2
　 酢 … 大さじ2
　 砂糖 … 大さじ2
　 片栗粉 … 小さじ1と1/3
▶ 混ぜ合わせる

サラダ油 … 大さじ4

作り方

1 フライパンにサラダ油を中火で熱し、豚肉を並べて1分ほど焼き、上下を返してさらに1分ほど焼き、端に寄せる。

2 フライパンのあいたところになすとパプリカを加え、3〜4分炒める。

3 なすがしんなりとしたら余分な油をペーパータオルで拭き、**A**をもう一度混ぜてから加え、強火にする。全体を混ぜながら、とろみがつくまでからめる。

note
• パプリカの代わりにピーマンでもOK。

タイ風のさっぱり味で、
見た目もさわやかな副菜。
香菜が絶妙なアクセントに。

なすのエスニックあえ

材料と下準備　2人分

なす … 3本（240g）

▶ ピーラーで皮をむき、1本ずつラップで包み、
耐熱皿にのせて電子レンジで4分ほど加熱する。
ラップをしたまますぐに氷水に取って冷まし、
ペーパータオルで水けを拭き、食べやすい大きさに裂く

A にんにく（みじん切り）… 1/4かけ分

レモン果汁 … 小さじ1

ナンプラー … 小さじ2

砂糖 … 小さじ1/2

香菜（ざく切り）… 適量

作り方

1 ボウルに**A**を入れて混ぜ、なすを加えて
あえる。器に盛り、香菜を添える。

note

• レモン果汁がない場合、米酢で代用しても構いません。

きゅうり 5本

持て余していたらとりあえず漬けて！
味がしみて、食感がよくなり、
いいことずくめの作りおきです。

（作りおき）

きゅうりのパリパリ漬け
➡ P86

きゅうりの肉巻き焼き
→ P87

きゅうりの食感が
肉巻きの中で存在感を発揮！
しっかり味でご飯が進みます。

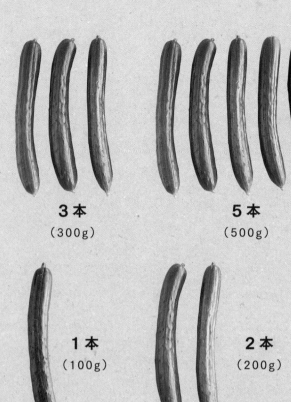

3本
（300g）

5本
（500g）

1本
（100g）

2本
（200g）

実は炒めてもおいしくなる

きゅうり

栄養｜旬

6～8月

カリウムを多く含み、高血圧の原因となるナトリウムの排泄を促します。体を冷やす作用があり、約95％は水分なので夏の水分補給にも。

（作りおき）

きゅうりのパリパリ漬け

材料と下準備 作りやすい分量

きゅうり … 5本（500g）
　▶ 厚さ8mmの輪切りにし、塩小さじ1をふってざっと混ぜ、15分ほどおいて水けをよく絞る

しょうが … 2かけ
　▶ せん切りにする

A しょうゆ … 100㎖
　　みりん … 100㎖
　　酢 … 大さじ1

作り方

1 鍋に**A**を混ぜ、しょうがを加えて中火で煮立て、きゅうりを加える。再び煮立ったら火を止め、そのまま冷ます。保存容器に移し、冷蔵室でひと晩以上漬ける。

（note）

• 保存期間は冷蔵で約10日が目安。

きゅうりの肉巻き焼き

材料と下準備 2人分

きゅうり … 3本（300g）
▶ 縦半分に切ってから長さを3等分に切る

豚バラ薄切り肉（しゃぶしゃぶ用）… 18枚（180g）

A しょうが（すりおろし）… 1/2かけ分
にんにく（すりおろし）… 1/4かけ分
しょうゆ … 大さじ1と1/2
酒 … 大さじ1
酢 … 大さじ1
砂糖 … 大さじ1
片栗粉 … ひとつまみ
▶ 混ぜ合わせる

塩 … 小さじ1/4
こしょう … 少々
サラダ油 … 小さじ1

作り方

1 きゅうり1切れに豚肉を1枚ずつ斜めに巻きつけ、塩、こしょうをふる。

2 フライパンにサラダ油を中火で熱し、**1**の巻き終わりを下にして並べ、2分ほど焼く。巻き終わりがくっつき、焼き色がついたら上下を返し、ふたをして弱火で3分ほど蒸し焼きにする。

3 ふたを取り、余分な脂をペーパータオルで拭く。**A**をもう一度混ぜてから加え、中火にして照りよくからめる。

きゅうり **1本**

きゅうりとたこの食感の見事な競演！味つけは最小限に。

塩もみきゅうりと
たこのにんにくあえ

材料と下準備 2人分

きゅうり … 1本（100g）
▶ 縦半分に切ってから斜め薄切りにし、塩小さじ1/3をふってざっと混ぜ、5分ほどおいて水けをよく絞る

ゆでたこの足（刺身用）… 100g
▶ 薄いそぎ切りにする

A にんにく（すりおろし）… 少々
オリーブオイル … 大さじ1

作り方

1 ボウルに**A**を入れて混ぜ、きゅうりとたこを加えてあえる。

キムチ味の中で
きゅうりが絶妙のアクセントに。
食べごたえあるおかずです。

たたききゅうりと
豚こまのキムチ炒め

材料と下準備 2人分

きゅうり … 2本（200g）
　▶ めん棒でたたいてひびを入れ、手で食べやすい大きさに割る

豚こま切れ肉 … 150g
　▶ 酒大さじ1、片栗粉小さじ1、塩ひとつまみをもみ込む

玉ねぎ … 1/4個
　▶ 厚さ1cmのくし形切りにする

白菜キムチ … 100g
　▶ 1cm四方に切る

ごま油 … 大さじ1/2

しょうゆ … 大さじ1/2

作り方

1 フライパンにごま油を中火で熱し、豚肉を炒め、色が変わったらきゅうりと玉ねぎを加えて2分ほど炒め合わせる。

2 玉ねぎが透き通ったらキムチとしょうゆを加え、さっと炒め合わせる。

さっぱりとした中華風のおかず。きゅうりの緑がきれいです。

きゅうりとえびの塩しょうが炒め

材料と下準備 2人分

きゅうり … 2本（200g）
▶ ピーラーで皮をむき、4つ割りにしてから
長さを4等分に切る

えび … 10尾
▶ 殻をむいて尾を取り、背に浅い切り込みを入れて
背わたを取り、酒・片栗粉各小さじ1、
塩小さじ1/4をもみ込む

長ねぎ … 1/2本
▶ 幅5mmの斜め切りにする

しょうが … 1かけ
▶ せん切りにする

A 水 … 大さじ2
酒 … 大さじ2
鶏がらスープの素（顆粒）… 小さじ1
砂糖 … 小さじ1/2
片栗粉 … 小さじ1/4
塩 … 少々
▶ 混ぜ合わせる

サラダ油 … 大さじ1/2

作り方

1 フライパンにサラダ油としょうがを入れて中火で熱し、香りが立ったら、えびを加えて炒める。えびの色が変わったら、きゅうりと長ねぎを加え、1分ほど炒め合わせる。

2 長ねぎがしんなりとしたら**A**をもう一度混ぜてから加え、とろみがつくまで炒め合わせる。

小麦粉

**小麦粉の命は意外と短い！
早めに食べきる3つの方法**

みなさん、小麦粉はどのようにして保存しているでしょうか。ダニが発生するから、という理由で、冷蔵保存をしている方も多いかと思いますが、実は製粉会社は冷蔵保存を推奨していません。

その理由は結露。これがかびや固まりの原因となってしまうのです。においが移りやすいという特性もあり、冷蔵室での保存

混ぜて焼くだけなのでとっても簡単。
普段のおかずはもちろん、
ホームパーティーの前菜にも。

90

には不向きなのです。ではどうすればよいのかというと、やはり密閉しての常温保存がベスト。開封後は密閉できる容器に移し、風通しのよい場所で保存してください。真夏でもこの方法でOK。ただし、賞味期限内であっても開封後はできるだけ早めに食べきってください。

常温保存だとダニが発生するというのはミックス粉での話。ホットケーキミックスやお好み焼き粉、天ぷら粉などは、開封後は冷蔵室で保存してください。

ズッキーニのケークサレ

材料と下準備　18cmのパウンド型1台分

卵 … 2個

ベーコン（薄切り）… 2枚
▶ 幅5mmに切る

ズッキーニ … 1本（150g）
▶ 2/3量はあればスライサーで短いせん切りにし、1/3量はすりおろす

玉ねぎ … 1/2個（100g）
▶ 横半分に切ってから縦に薄切りにする。耐熱皿に広げ、ふんわりとラップをして電子レンジで1分30秒ほど加熱し、冷ます

A **小麦粉 … 150g**
　粉チーズ … 30g
　ベーキングパウダー … 小さじ1
　砂糖 … 小さじ1
　塩 … 小さじ1/4
　こしょう … 少々
サラダ油 … 90g

作り方

1 オーブンを180℃に予熱する。

2 ボウルに卵を溶きほぐし、サラダ油を加えて泡立て器でよく混ぜ、すりおろしたズッキーニ（1/3量）を加えて混ぜる。

3 Aを合わせてふるい入れ、ゴムべらでざっくりと混ぜる。粉けが少し残っているうちにベーコン、せん切りにしたズッキーニ（2/3量）、玉ねぎを加え、さっと混ぜる。

4 オーブン用シートを敷いた型に流し入れ、台に数回落として空気を抜き、180℃のオーブンで45分ほど焼く。竹串を刺し、生っぽい生地がついてこなければ焼き上がり。オーブン用シートごと取り出し、網にのせて冷ます。

note
- ベーコンの代わりにハムで作ってもおいしいです。
- ズッキーニは1/3量をすりおろし、生地に混ぜると食感がもっちりとします。

さまざまな野菜でアレンジ可能。
主菜にも副菜にもおやつにもなる
知っておくと便利なレシピです。

にらチヂミ

材料と下準備　直径26cmのフライパン1枚分

卵 … 1個

にら … 1束

　▶ 長さ5cmに切る

A 水 … 200㎖

　小麦粉 … 110g

　片栗粉 … 大さじ6

　塩 … 小さじ1/2

ごま油 … 大さじ2＋大さじ1

コチュジャン … 適量

作り方

1 ボウルに卵を溶きほぐし、**A**を加えてよく混ぜ、にらを加えてさっと混ぜる。

2 直径26cmのフライパンにごま油大さじ2を中火で熱し、**1**を流し入れ、全体に広げて4分ほど焼く。焼き色がついたら上下を返し、フライパンの縁からごま油大さじ1をたし、ときどきフライ返しで押さえながら2分ほど焼く。

3 もう一度上下を返し、さらに30秒ほど焼き、底面が上になるように取り出して食べやすい大きさに切る。器に盛り、コチュジャンを添える。

note

- にらの代わりに豆苗や春菊でもOK。
- フライパンに生地を流し入れたとき、にらをなじませながら平らにならすときれいに焼けます。
- 酢じょうゆなどにつけていただいてもおいしいです。

こんな手も！
みそ汁の代わりにもなる
素朴でおいしい和のスープ。

すいとん

材料と下準備 2人分

豚バラ薄切り肉 … 80g
▶ 長さ3cmに切る

大根 … 50g
▶ 厚さ5mmのいちょう切りにする

にんじん … 1/5本
▶ 厚さ5mmのいちょう切りにする

ごぼう … 1/4本
▶ ささがきにし、水にさっとさらして水けをきる

長ねぎ … 1/4本
▶ 幅1cmの斜め切りにする

A 小麦粉 … 70g
　水 … 大さじ3
　塩 … ひとつまみ
▶ ボウルに入れ、粉けがなくなるまでこねる

B だし汁 … 600mℓ
　しょうゆ … 小さじ1
　塩 … 小さじ2/3

作り方

1 鍋に**B**を入れて中火で煮立て、豚肉、大根、にんじん、ごぼう、長ねぎを加える。再び煮立ったら、水で濡らした手で**A**をひと口大にちぎりながら加える。

2 再び煮立ったら、全体に火が通るまで弱めの中火で7〜8分煮る。

note

• **A**はくっつきやすいので手を濡らすとちぎりやすいです。
• 野菜は冷蔵庫の残り野菜でアレンジしても。

定番の組み合わせに
赤唐辛子でパンチをプラス！
ご飯との相性抜群です。

**小松菜と豚こまの
ピリ辛甘酢炒め**
→P96

**小松菜、豚しゃぶ、
アボカドのオニオンじょうゆあえ**
→P96

アボカドが加わることで
小松菜の風味が活きつつ
満足感が大幅にアップ！

小松菜と鶏肉の
あっさり塩煮
→P97

やわらかく煮込んだ鶏肉に
まだフレッシュ感の残る
小松菜を合わせます。

作りおき

小松菜とじゃこの
おかかごまふりかけ
→P97

あっという間に作れる
ご飯が進む系作りおき!
おにぎりにしても美味。

小松菜と豚こまの
ピリ辛甘酢炒め

材料と下準備　2人分

小松菜 … 1束（200g）

▶ 長さ5cmに切り、茎と葉に分ける

豚こま切れ肉 … 150g

▶ 塩ひとつまみ、片栗粉大さじ1を順にふり、菜箸でざっとまぶす

A 赤唐辛子（小口切り）… 1/2本分

しょうゆ … 大さじ1と1/2

砂糖 … 大さじ1と1/2

酒 … 大さじ1

酢 … 大さじ1

片栗粉 … 小さじ1/3

▶ 混ぜ合わせる

サラダ油 … 大さじ1

作り方

1 フライパンにサラダ油を中火で熱し、豚肉を炒める。色が変わったら小松菜の茎を加えて1分ほど炒め合わせ、小松菜の葉を加えてさっと炒め合わせる。

2 小松菜の葉がしんなりとしたら**A**をもう一度混ぜてから加え、さっと炒め合わせる。

note

• **A**が全体になじんだあと、いりごま（白）大さじ1を加えてもおいしいです。

小松菜、豚しゃぶ、
アボカドのオニオンじょうゆあえ

材料と下準備　2人分

小松菜 … 1束（200g）

豚ロース薄切り肉（しゃぶしゃぶ用）… 120g

アボカド … 1個

▶ 縦にぐるりと包丁を入れて2つに分け、種と皮を除き、さらに縦半分に切って横に幅1cmに切る

A 玉ねぎ（すりおろし）… 大さじ1

ごま油 … 大さじ2

しょうゆ … 大さじ1と1/2

作り方

1 鍋にたっぷりの湯を中火で沸かして塩少々（分量外）を入れ、小松菜を根元から入れてさっとゆでる。冷水に取って冷まし、水けを絞って長さ5cmに切る。

2 続けて**1**の湯を弱火にし、豚肉を1枚ずつ広げ入れ、さっとゆでる。色が変わったらざるに取り出し、水けをきる。

3 ボウルに**A**を入れて混ぜ、豚肉を加えてあえる。小松菜とアボカドを加え、さっと混ぜる。

小松菜と鶏肉の
あっさり塩煮

材料と下準備 2人分

小松菜 … 1束（200g）
▶ 長さ5cmに切り、茎と葉に分ける

鶏もも肉 … 大1枚（300g）
▶ 余分な脂肪を取り、ひと口大に切る

長ねぎ … 1本
▶ 幅1cmの斜め切りにする

A だし汁 … 400㎖
　酒 … 大さじ2
　みりん … 大さじ2
　塩 … 小さじ3/4
　しょうゆ … 小さじ1/2

作り方

1 フライパンに**A**を混ぜて中火で煮立て、鶏肉と長ねぎを加える。再び煮立ったらふたをし、弱火で20分ほど煮る。

2 ふたを取って中火にし、小松菜の茎を加えて、しんなりとするまで2分ほど煮る。小松菜の葉を加え、返しながらさっと煮る。

作りおき

小松菜とじゃこの
おかかごまふりかけ

材料と下準備 作りやすい分量

小松菜 … 1束（200g）
▶ 葉の部分は縦に細く切ってから長さ1cmに切る

ちりめんじゃこ … 20g
削り節 … 2g
いりごま（白）… 大さじ1
A 酒 … 大さじ1
　塩 … 小さじ1/3
ごま油 … 大さじ1

作り方

1 フライパンにごま油を中火で熱し、ちりめんじゃこを炒め、きつね色になってきたら小松菜を加えて炒め合わせる。

2 小松菜がしんなりとしたら、削り節、いりごま、**A**の順に加え、全体になじむまで炒め合わせる。

note

• 保存期間は冷蔵で約5日が目安。

小松菜とハムのスペイン風オムレツ

材料と下準備　直径18cmのフライパン1枚分

小松菜 … **1/2束**（100g）
　▶ 長さ4cmに切り、茎と葉に分ける

卵 … 3個

ロースハム … 3枚
　▶ 半分に切ってから幅1cmに切る

玉ねぎ … 1/2個
　▶ 縦に薄切りにする

A 粉チーズ … 大さじ2
　　 塩 … 小さじ1/4
　　 こしょう … 少々

オリーブオイル
　　… 大さじ1/2＋大さじ1/2

作り方

1 直径18cmのフライパンにオリーブオイル大さじ1/2を中火で熱し、玉ねぎを炒め、しんなりとしたら小松菜の茎を加えて炒め合わせる。小松菜の茎がしんなりとしたら、小松菜の葉を加え、さっと炒め合わせる。

2 ボウルに卵を溶きほぐし、1、ハム、Aを加えて混ぜる。

3 1のフライパンにオリーブオイル大さじ1/2をたして中火で熱し、2を流し入れて大きく混ぜる。卵が半熟状になったらふたをし、弱火で3分ほど蒸し焼きにする。上下を返し、同様に5分ほど蒸し焼きにする。

note

• ハムの代わりにベーコンでもOK。

1/2束
（100g）

1束
（200g）

小松菜

カルシウムたっぷり！

旬　12〜2月

栄養　野菜の中でもカルシウムの含有量が多く、骨粗しょう症予防や成長期の子どもにおすすめ。免疫力を高めるβ-カロテン、美肌に効果のあるビタミンCも豊富です。

小松菜
1/2束

子どもにも大好評！
小松菜とは思えないほどの
満足感があるボリュームおかずです。

ブロッコリー

シンプルがいちばんおいしい！
使い道に迷ったときにもすぐに作れる
超簡単レシピです。

作りおき

ブロッコリーのオイル蒸し
➡P102

1株

ブロッコリーと豚肉の中華鍋
➡ P102

ブロッコリーが
鍋の中のうまみをからめ取って
ぐんとおいしくなります!

作りおき

ブロッコリーのオイル蒸し

材料と下準備　作りやすい分量

ブロッコリー … 小2株（400g）
> ▶ 小房に分け、茎は厚めに皮をむいて厚さ1cmの輪切りにする

ローリエ … 2枚

A 水 … 大さじ4
　オリーブオイル … 大さじ3

塩 … 小さじ1/2

作り方

1 フライパンにブロッコリーを広げ入れ、**A**を順に回し入れ、塩をふってローリエをのせる。ふたをして中火で熱し、5分ほど蒸し煮にする。

2 ブロッコリーがしんなりとしたらふたを取り、ざっくりと混ぜる。

note
- 保存期間は冷蔵で約4日が目安。
- サラダや炒めものにアレンジしてもOK。

ブロッコリーと豚肉の中華鍋

材料と下準備　2人分

ブロッコリー … 1株（300g）
> ▶ 小房に分け、茎は厚めに皮をむいて厚さ1cmの輪切りにする

豚ロース薄切り肉（しゃぶしゃぶ用）… 150g

もやし … 1袋

長ねぎ … 1/2本
> ▶ 縦半分に切ってから斜め薄切りにし、水に5分ほどさらして水けをきる

にんにく … 2かけ
> ▶ 薄切りにする

A 水 … 1000㎖
　酒 … 大さじ2
　しょうゆ … 大さじ1
　鶏がらスープの素（顆粒）… 小さじ2
　塩 … 小さじ1と1/2

ごま油 … 少々

粗びき黒こしょう … 適量

作り方

1 鍋に**A**を混ぜ、にんにくを加えて強火で煮立て、ブロッコリーともやしを加える。再び煮立ったら、弱めの中火にして5分ほど煮る。

2 豚肉を1枚ずつ広げながら加え、さっと煮る。豚肉の色が変わったらごま油を回し入れ、長ねぎをのせて粗びき黒こしょうをふる。

note
- 鍋のシメにゆでた中華麺を加えてもおいしいです。

サクッ、もしゃっ、の食感が楽しい！無限に食べられそうなおいしさ。

note
- 衣は冷やした炭酸水を使用し、揚げる直前に混ぜてください。

ブロッコリーと えびの炭酸フリット

材料と下準備 2人分

ブロッコリー … 小１株（200g）
▶ 小房に分け、茎は厚めに皮をむいて厚さ1cmの輪切りにし、小麦粉適量を薄くまぶす

えび … 6尾
▶ 殻をむいて尾を取り、背に浅い切り込みを入れて背わたを取り、塩・こしょう各少々をふり、小麦粉適量を薄くまぶす

A 小麦粉 … 80g
　片栗粉 … 大さじ1
　炭酸水（冷えているもの）… 150mℓ
　サラダ油 … 小さじ1

揚げ油 … 適量

塩 … 少々

レモン（国産・くし形切り）… 適量

作り方

1 揚げる直前にボウルに**A**を順に入れ、混ぜる。

2 フライパンに揚げ油を深さ2cmほど入れて170℃に熱し、ブロッコリーとえびに**1**をからめてから入れ、ときどき返しながら5分ほど揚げる。カリッとしたら油をきって塩をふり、器に盛ってレモンを添える。

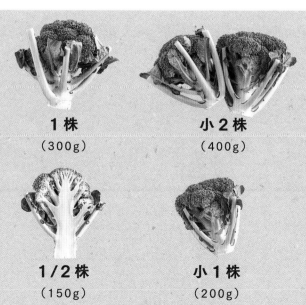

1株（300g）　**小2株**（400g）　**1/2株**（150g）　**小1株**（200g）

茎も皮をむけば食べられます

ブロッコリー

旬
11〜3月

栄養
β-カロテンやスルフォラファンなどを含み、がんの抑制効果が高いと注目されている野菜。ストレスへの抵抗力を強め、アンチエイジングや美容に有効なビタミンCも豊富です。

見た目に鮮やかな炒めものは
栄養もたっぷり！
鶏胸肉でカロリーもオフ。

ブロッコリーと鶏胸肉の中華炒め

材料と下準備 2人分

ブロッコリー … 小1株(200g)
▶ 小房に分け、茎は厚めに皮をむいて厚さ5mmの
輪切りにする。耐熱皿に広げて水大さじ3、
塩少々をふり、ふんわりとラップをして
電子レンジで3分30秒ほど加熱し、水けをきる

鶏胸肉（皮なし）… 1枚（250g）
▶ ひと口大のそぎ切りにして酒・しょうゆ各小さじ1を
もみ込み、片栗粉適量を薄くまぶす

パプリカ（赤）… 1/2個
▶ ひと口大に切る

A 酒 … 大さじ2
　 オイスターソース … 大さじ1
　 しょうゆ … 大さじ1/2
　 酢 … 小さじ1
▶ 混ぜ合わせる

サラダ油 … 大さじ2
いりごま（白）… 大さじ1

作り方

1 フライパンにサラダ油を中火で熱し、鶏肉
を並べ、ときどき上下を返しながら4分ほ
ど焼く。色が変わったらパプリカを加え、
さっと炒め合わせる。

2 1のフライパンの余分な油をペーパータオ
ルで拭き、ブロッコリーとAを加え、炒め
合わせる。照りよくからんだら、いりごまを
加えてさっと混ぜる。

note

• パプリカの代わりにしいたけで作ってもおいしいです。

マカロニとブロッコリーをいっしょにゆでるからあっという間に完成！

ブロッコリー 1/2株

刻みブロッコリーのマカロニサラダ

材料と下準備 2人分

ブロッコリー … 1/2株（150g）
> ▶ 小房に分けてから細かく刻み、茎は厚めに皮をむいて細かく刻む

マカロニ … 60g

ツナ缶（油漬け）… 1缶（70g）
> ▶ 缶汁をきる

A 水 … 600㎖
　　塩 … 小さじ1

B オリーブオイル … 大さじ1
　　こしょう … 少々

作り方

1 鍋に**A**を入れて中火で沸かし、マカロニをパッケージの表示時間どおりにゆで、ゆで上がる3分ほど前にブロッコリーを加える。

2 いっしょにざるに上げて水けをきり、鍋に戻す。ツナと**B**を加えて混ぜ、そのまま冷ます。

note

• マカロニの代わりに好みのショートパスタでもOK。

まるごと1個を使いきって
満足感あるメインおかずの完成。
順にゆでてソースをかけるだけ！

ゆでレタスと豚しゃぶの
しょうがソース
→ P108

作りおき

レタスの浅漬け

→P109

袋に入れておくだけ！
献立の名脇役になりそう。
赤唐辛子でパンチを効かせます。

レタスと豚こまの
甘辛炒め

→P109

レタスは炒めると縮むので
たっぷり食べられます。
ご飯に合うしっかり味。

レタス
2/3
個

レタス

旬 栄養

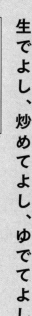

4〜9月

約95％が水分の低カロリー野菜。β-カロテンやビタミンC、食物繊維などを含んでいます。

2/3個
（200g）

1個
（300g）

1/2個
（150g）

ゆでレタスと豚しゃぶの
しょうがソース

材料と下準備 2人分

レタス … 1個（300g）
　▶ 大きめにちぎる

豚ロース薄切り肉（しゃぶしゃぶ用）… 150g

A いりごま（白）… 大さじ1

　しょうが（すりおろし）… 1/2かけ分

　オイスターソース … 大さじ1

　ごま油 … 大さじ1

　しょうゆ … 小さじ1

　ラー油 … 小さじ1
　▶ 混ぜ合わせる

ごま油 … 少々

作り方

1 鍋にたっぷりの湯を強火で沸かしてごま油を入れ、レタスをさっとゆで、すぐにざるに取り出して広げ、水けをよくきる。

2 続けて**1**の湯を弱火にし、豚肉を1枚ずつ広げ入れ、さっとゆでる。色が変わったら別のざるに取り出し、水けをきる。

3 レタスと豚肉をざっくりと混ぜて器に盛り、**A**をかける。

note

• レタスが変色しないよう、ざるに広げて水けをきります。

• **A**のしょうがの代わりに、にんにくで作ってもおいしいです。

作りおき

レタスの浅漬け

材料と下準備　作りやすい分量

レタス … 1個（300g）
▶ 大きめのひと口大にちぎり、塩小さじ1をふって
ざっと混ぜ、しんなりとするまで30分以上おく

赤唐辛子 … 1本
▶ 種を取る

作り方

1 ジッパーつきポリ袋（または保存容器）に
レタス（出てきた水分ごと）と赤唐辛子を
入れ、袋の空気を抜いて口を閉じ、冷蔵
室で半日ほど漬ける。

note

• 保存期間は冷蔵で約4日が目安。

レタスと豚こまの甘辛炒め

材料と下準備　2人分

レタス … 2/3個（200g）
▶ ひと口大にちぎる

豚こま切れ肉 … 150g
▶ 片栗粉大さじ1/2をふり、菜箸でざっとまぶす

A にんにく（すりおろし） … 小さじ1/2
　　しょうゆ … 大さじ1と1/2
　　砂糖 … 大さじ1と1/2
　　酒 … 大さじ1
　　片栗粉 … 小さじ1/2
▶ 混ぜ合わせる

サラダ油 … 大さじ1/2＋大さじ1/2

粗びき黒こしょう … 適量

作り方

1 フライパンにサラダ油大さじ1/2を強め
の中火で熱し、レタスを炒め、しんなりとし
たらざるに取り出し、水けをきる。

2 1のフライパンにサラダ油大さじ1/2をた
して強めの中火で熱し、豚肉を広げ入れ、
動かさずに1分ほど焼きつけてから炒め
る。

3 豚肉の色が変わったら**A**をもう一度混ぜ
てから加え、照りよく炒め合わせる。レタス
を加えてさっと混ぜ、器に盛って粗びき黒
こしょうをふる。

レタスといえばサラダ！
ここでは鶏肉をのせて主菜に大変身。
玉ねぎのドレッシングが絶妙です。

皮パリチキンのレタスサラダ

材料と下準備 2人分

レタス … 1/2 個（150g）
▶ ひと口大にちぎる

鶏もも肉 … 1 枚（250g）
▶ 余分な脂肪を取り、塩小さじ1/3、
粗びき黒こしょう少々をふる

パプリカ（黄）… 1/4 個
▶ 縦に薄切りにする

A 玉ねぎ（すりおろし）… 大さじ1
　　レモン果汁 … 小さじ2
　　オリーブオイル … 大さじ1と1/2
　　塩 … 小さじ1/4
　　こしょう … 少々
サラダ油 … 小さじ1
粉チーズ … 適量

作り方

1 フライパンにサラダ油を弱めの中火で熱し、鶏肉の皮目を下にして入れ、ときどきフライ返しで押さえながら10分ほど焼く。途中、脂が出てきたらペーパータオルで拭く。皮目にしっかりと焼き色がつき、肉の縁が白っぽくなったら上下を返し、さらに弱火で4分ほど焼く。取り出して2〜3分おき、食べやすい大きさに切る。

2 ボウルに**A**を入れて混ぜ、レタスとパプリカを加えてあえる。

3 器に**2**を盛り、鶏肉をのせて粉チーズをふる。